交通运输行业高层次人才培养项目著作书系



# 现代航运服务业发展政策和实证研究

徐 萍 罗 凯 编著

人民交通出版社股份有限公司
北 京

## 内 容 提 要

本书论述了现代航运服务业的概念、特点及发展演变，结合典型国际航运中心和我国现代航运服务业发展现状，研究我国现代航运服务业的配套政策，探讨我国的船舶登记、邮船经济的现状与存在问题及国外经验借鉴，并基于现代航运服务业发展评价方法，阐述未来发展思路建议以及相关探索实践的案例、成果。本书涉及现代航运服务业发展模式、政策框架等各方面，提出了一些新的理论和方法。

本书适合从事航运经济、政策研究工作的高层次管理人员参考阅读，也可供关注航运服务业发展的政府人员、研究人员、技术人员参考使用。

**图书在版编目(CIP)数据**

现代航运服务业发展政策和实证研究 / 徐萍，罗凯编著. — 北京 ：人民交通出版社股份有限公司，2022.8

ISBN 978-7-114-18112-2

Ⅰ. ①现… Ⅱ. ①徐…②罗… Ⅲ. ①航运—服务业—水路运输政策—研究—中国 Ⅳ. ①F552.0

中国版本图书馆 CIP 数据核字(2022)第 133053 号

Xiandai Hangyun Fuwuye Fazhan Zhengce he Shizheng Yanjiu

书　　名：现代航运服务业发展政策和实证研究
著 作 者：徐　萍　罗　凯
责任编辑：朱伟康　牛家鸣
责任校对：席少楠　刘　璇
责任印制：刘高彤
出版发行：人民交通出版社股份有限公司
地　　址：(100011)北京市朝阳区安定门外外馆斜街 3 号
网　　址：http://www.ccpcl.com.cn
销售电话：(010)59757973
总 经 销：人民交通出版社股份有限公司发行部
经　　销：各地新华书店
印　　刷：北京交通印务有限公司
开　　本：787×1092　1/16
印　　张：11.25
字　　数：219 千
版　　次：2022 年 8 月　第 1 版
印　　次：2022 年 8 月　第 1 次印刷
书　　号：ISBN 978-7-114-18112-2
定　　价：80.00 元
(有印刷、装订质量问题的图书由本公司负责调换)

交通运输行业
高层次人才培养项目著作书系

## 编审委员会

# 书系前言

## PREFACE OF SERIES

进入21世纪以来,党中央、国务院高度重视人才工作,提出人才资源是第一资源的战略思想,先后两次召开全国人才工作会议,围绕人才强国战略实施做出一系列重大决策部署。党的十八大着眼于全面建成小康社会的奋斗目标,提出要进一步深入实践人才强国战略,加快推动我国由人才大国迈向人才强国,将人才工作作为"全面提高党的建设科学化水平"八项任务之一。十八届三中全会强调指出,全面深化改革,需要有力的组织保证和人才支撑。要建立集聚人才体制机制,择天下英才而用之。这些都充分体现了党中央、国务院对人才工作的高度重视,为人才成长发展进一步营造出良好的政策和舆论环境,极大激发了人才干事创业的积极性。

国以才立,业以才兴。面对风云变幻的国际形势,综合国力竞争日趋激烈,我国在全面建成社会主义小康社会的历史进程中机遇和挑战并存,人才作为第一资源的特征和作用日益凸显。只有深入实施人才强国战略,确立国家人才竞争优势,充分发挥人才对国民经济和社会发展的重要支撑作用,才能在国际形势、国内条件深刻变化中赢得主动、赢得优势、赢得未来。

近年来,交通运输行业深入贯彻落实人才强交战略,围绕建设综合交通、智慧交通、绿色交通、平安交通的战略部署和中心任务,加大人才发展体制机制改革与政策创新力度,行业人才工作不断取得新进展,逐步形成了一支专业结构日趋合理、整体素质基本适应的人才队伍,为交通运输事业全面、协调、可持续发展提供了有力的人才保障与智力支持。

"交通青年科技英才"是交通运输行业优秀青年科技人才的代表群体,培养选拔"交通青年科技英才"是交通运输行业实施人才强交战略的"品牌工程”之一,1999年至今已培养选拔282人。他们活跃在科研、生产、教学一线,奋发有为、锐意进取,取得了突出业绩,创造了显著效益,形成了一系列较高水平的科研成果。为加大行业高层次人才培养力度,“十二五”期间,交通运输部设立人才培养专项经费,重点资助包含“交通青年科技英才”在内的高层次人才。

人民交通出版社以服务交通运输行业改革创新、促进交通科技成果推广应用、支持交通行业高端人才发展为目的,配合人才强交战略设立“交通运输行业高层次人才培养项目著作书系”(以下简称“著作书系”)。该书系面向包括“交通青年科技英才”在内的交通运输行业高层次人才,旨在为行业人才培养搭建一个学术交流、成果展示和技术积累的平台,是推动加强交通运输人才队伍建设的重要载体,在推动科技创新、技术交流、加强高层次人才培养力度等方面均将起到积极作用。凡在“交通青年科技英才培养项目”和“交通运输部新世纪十百千人才培养项目”申请中获得资助的出版项目,均可列入“著作书系”。对于虽然未列入培养项目,但同样能代表行业水平的著作,经申请、评审后,也可酌情纳入“著作书系”。

高层次人才是创新驱动的核心要素,创新驱动是推动科学发展的不懈动力。希望“著作书系”能够充分发挥服务行业、服务社会、服务国家的积极作用,助力科技创新步伐,促进行业高层次人才特别是中青年人才健康快速成长,为建设综合交通、智慧交通、绿色交通、平安交通做出不懈努力和突出贡献。

**交通运输行业高层次人才培养项目**

**著作书系编审委员会**

**2014年3月**

# 作者简介

AUTHOR INTRODUCTION

徐萍，现任交通运输部科学研究院学术委员会副主任、研究员。交通运输部交通青年科技英才、全国交通行业优秀科技工作者、中央直属机关优秀女科技工作者。入选国家科技奖励评审专家库、中国科学技术协会决策咨询专家库、中国海事专家委员会委员、中国水运建设协会专家、交通运输节能减排专家库等。

主要研究方向为交通运输发展战略、规划、政策等软科学，涉及综合交通运输与物流、港口与航运等研究领域。近年来，主持研究了20多个省部级重点科研项目，运用公共管理、价格管理、标准化、计量经济模型、仿真模型等理论和方法，获得了一批具有创新性、实用性的成果："改进和提升交通运输服务研究""交通运输'十三五'标准化发展规划""加强和改进交通运输标准化调研报告""交通运输业促进现代物流发展的思路研究""政府推动物流业发展的国外经验借鉴研究""水路运输业促进现代物流发展的思路研究""交通对经济社会发展贡献的测算研究""水运业对经济的贡献研究""西部港口物流枢纽建设和运营技术开发与示范研究""我国港口拓展服务功能研究""我国港航管理体制研究""我国港口价格改革方案研究""现代航运服务业发展研究"等。

基于研究工作参与起草多项交通运输发展规划和政策，多项研究成果应用于重要的指导性文件，如交通运输部《关于改进提升交通运输服务的若干指导意见》《关于加强和改进交通运输标准化工作的意见》《关于加快现代航运服务业发展的意见》。首部交通运输行业标准化规划《交通运输"十三五"标准化发展规划》，国务院批复的《浙江海洋经济发展示范区规划》《浙江舟山群岛新区发展规划》中也体现了研究成果。主编专著1部，参编专著4部；独著、合著发表论文50多篇。研究成果获省部级科技奖12项，其中一等奖2项、二等奖2项、三等奖8项。

# 作者简介

AUTHOR INTRODUCTION

罗凯，交通运输部科学研究院交通发展研究院中心副研究员，交通战略规划/交通信用研究室副主任，主要研究方向为交通运输发展战略、政策、规划以及信息化和现代物流。

近年来，主持和参与完成了“西部港口物流枢纽发展模式研究”“我国客滚运输市场研究工作”“我国国际海上客运管理条例研究”等部重大项目，以及“浙江省内河集疏运系统发展研究”“珠三角内河航运发展战略研究”“浙江现代航运服务业发展规划”等横向项目，形成了一些指导行业的政策文件和学术成果，获得了中国港口协会科技进步奖一等奖 1 项、2013 年度中国水运建设行业协会三等奖 1 项。目前正负责交通运输信用体系建设、国际海运条例修订、港口价格指数等重大课题。先后在《港口经济》《综合运输》《中国港口》《交通发展与改革研究》等行业重要期刊以及美国交通运输研究委员会年会等行业重要会议论坛上发表较高水平的学术论文十余篇。

# 作者简介

# 前言
FOREWORD

航运是市场经济活动的重要组成部分，随着经济活动的日趋频繁和不同行业间的相互融合，围绕航运和海事活动而形成的航运服务产业，成为了一种处于初级阶段的新经济。荷兰鹿特丹、中国香港、新加坡等世界著名的国际航运中心也根据自身发展实际，将现代航运服务业发展推到台前。2009 年 3 月，国务院常务会议通过《关于推进上海加快发展现代服务业和先进制造业、建设国际金融中心和国际航运中心的意见》，正式提出“现代航运服务体系”这一概念。交通运输部 2012 年 9 月发布的《交通运输部关于加快“十二五”期水运结构调整的指导意见》（交水发〔2012〕424 号）明确提出“加快发展现代航运服务业”的目标，包括从传统航运服务业、港口服务业、高端航运服务业三个方面，要求进一步提高传统航运服务业的发展水平，大力发展高端航运服务业，建立并完善与之相适应的市场机制。由此可见，我国政府、行业都已对现代航运服务业给予高度关注，发展前景可期。

与国外相比，尽管国内已逐步开展对现代航运服务业的实践，且相关的研究也比较多，但缺乏对现代航运服务业阶段性特点分析及配套政策的梳理研究，而对国外发展研究大都停留在对发展现象的总结，对现代航运服务业运行过程的推进措施应用、机制建立及效果评估分析不够深入，同时也存在着与我国航运发展的客观实际存在部分脱节的问题等。随着我国国际航运中心建设的不断深入以及各地自由贸易试验区方案相继批复实施，现代航运服务业在促进社会经济及交通运输行业发展方面的作用和地位进一步提升，因此亟须对现代航运服务业发展的配套政策创新及试点探索进行深入研究。

本书由交通运输部科学研究院徐萍研究员、罗凯副研究员共同撰写，是阐述现代航运服务业理论、应用实践的一本专著。作者从内涵理念探讨出发，基于国内外现代航运服务业发展情况，以船舶登记、邮船经济等典型现代航运服务业的领域为切入点，对应用实践及政策设计进行案例化分析，向读者阐述与现代航运服务业多个领域发展情况和具体发展态势，既厘清了一些基本概念，也介绍了所涉及的相关技术和知识，并配以案例帮助读者理解，对现代航运服务业的未来给出了前瞻性的研究成果。可以说，本书的出版将会为现代航运服务业的发展起到积极的推动作用。

徐萍　罗凯

于 2022 年 8 月于北京

# 目 录

CONTENTS

# 第 1 章
CHAPTER 1

# 现代航运服务业内涵

# 1.1 现代航运服务业的相关基本概念

航运是市场经济活动的重要组成,本书首先要解决的难点就是研究和探讨与现代航运服务业发展相关的基本概念。目前,行业对现代航运服务业概念的认识还处在理论探讨阶段,不同的人有不同的理解,这其实是一种新经济处于初级阶段最重要的表现。因此,科学理解现代航运服务业,需要沿着航运业与现代航运服务业之间的关系、现代服务业的发展及出现形成现代航运服务业的逻辑,来认识现代航运服务业的内涵,把握事务发展的本质特征。

## 1.1.1 航运业与航运服务业的关系

一般认为,航运服务业是指围绕航运和海事活动而形成的服务产业。狭义航运服务产业中并不包括船舶运输业和港口服务业,是指为港航企业以及运输委托人提供服务的行业。而广义上讲,交通运输业属于第三产业服务业的范畴,港口生产和船舶运输可以看作“主业”,而航运服务业则可认为是围绕港口生产和船舶运输而形成的“副业”,两者具有层次性的关系,且密不可分。

## 1.1.2 现代服务业的概念及分类

(1)服务的含义与特征

对服务本身的认识是一个不断深化的过程。在早期,人们一般认为服务产品的基本性质是:非实物性、生产与消费同时性、不可储存性等。这种定义是建立在传统服务业研究基础上的。随着现代服务业,尤其是信息服务业的迅速发展,传统的服务概念表现出越来越强烈的不适应性,如:信息产品虽然是无形的,却可以积累,与传统定义的不可储存性矛盾;在现代通信与信息技术的支持下,传统服务的生存与消费的具有同时性的特点也在改变;传统定义认为,服务是不可运输或不可贸易的,但当今世界的服务贸易却日益发达;而且,无形是服务的主要特征,主要用“有形”和“无形”来区分服务和产品。但是,随着现代科技的发展,实物与非实物的界限越来越模糊,非实物产品并不都是服务,如软件通常是无形的、非实物的,但它却并不是服务。

因此,服务的概念可以通过将传统服务概念与现代服务概念相结合来界定:服务是一个经济主体使另一个经济主体增加价值,并主要以活动形式表现其使用价值,其中包括三个要点:一是服务首先具有使用价值,是一种无形产品;二是服务是作为交易对象,应当反映不同经济主体之间的关系;三是服务是运动形态的客观使用价值,一般不表现为静态的客观对象。

服务与一般物品的区别如图 1-1 所示,具体如下。

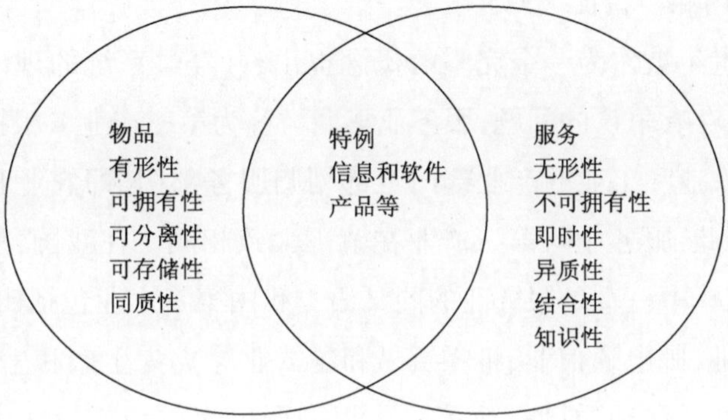


图 1-1　服务与物品的区别

①无形性。服务的无形性是服务最主要的特性。与有形的消费品或工农业产品相比,服务的空间形态基本上是不固定的,很多情况下,人们摸不到,看不见;有些服务的实用价值或短期内不易感受到,使用或享用服务的人通常要一段时间后才能感觉到服务所带来的效益,如教育服务、一种品牌作为无形资产的价值等。

②不可拥有性。服务与产品在经济关系上的主体在可拥有性方面存在差异。可以对物品确立所有关系,而对服务则不能,即无法脱离服务供给者而独立拥有特定服务。

③即时性。服务的即时性主要表现在两个方面:一是不可分离性,即服务的生存与消费通常是同时发生的,它不像有形产品在生产、流通、消费过程中一般要经过一系列中间环节,服务产品与其供应者大多无法分割;二是不可存储性,多数服务无法像一般有形产品那样存放待售,消费者在大多数情况下也不能保存服务。

④异质性。服务具有高度的异质性,即使是同一种服务,受到提供服务的时间、地点及人员等因素的影响很大。尤其是必须有人员接触的服务,其服务的品质异质性就相当大,通常会视服务人员、顾客的不同而有所差异,服务的构成成分及其质量水平变动较大。

⑤结合性。在现代市场经济体系中,特别是随着知识经济的到来,服务与物品存在一定的替代性和统一性。不少情况下,替代性表现在服务可以替代物品,如运输服务可

以替代工农业生产者的自备运输工具;反过来,物品也可以替代一部分服务,如自动售货机等。另外,当前人们对于物品和服务的需求都是通过货币购买来实现的,而且一部分服务与物品已连为一体,不可分离,这充分体现了两者的统一性。

⑥知识性。近年来,发达国家和新兴工业化国家的产业结构呈现"由硬变软"的趋势,这实质是传统的以物质生产为主的经济发展模式向以新兴的服务为主的经济发展模式转变,即从物质经济到服务经济的转换。信息服务业已成为服务业中的主要产业。

(2)服务业的内涵与特征、分类

服务业在20世纪被作为一个完整的概念提出,并经过系统的理论研究。服务业的判断标准一直是个存有争议的问题,服务业早期被称为第三产业。根据服务业的排他式定义,凡不能划入农业和工业的产业部门全部划归服务部门,即农业和工业之外的产业都属于服务业。因此,服务业与第三产业在范围大致相同。在我国,从1985年起,第三产业在国民经济核算中一直是服务业的同义语。我国第三产业包括四个层次:流通部门(含交通运输仓储业、邮电通信业、批零贸易和餐饮业等)、为生产和生活服务的部门(含金融保险业、房地产业和地质勘探业等)、为提高居民素质和科学文化水平服务的部门(含文教艺术业、广播电影电视业、卫生体育和社会福利业等)和为社会公共需要服务的部门(含国家机关、政党机关和社会团体等)。

服务业的基本特征是以服务形式提供满足社会生产需要和人们消费需要的各种使用价值。具体来说,服务业的典型特征见表1-1。

服务业的典型特征　　表1-1

| 类　型 | | 描　述 |
|---|---|---|
| 服务生产 | 技术、厂房和设备 | 固定设备投入少,营业场所投资大 |
| | 劳动力 | 有些服务需要非常专业的技能,特别需要人际关系处理技巧;有些服务对技能要求相对较少,只需要一定的专门知识,通常包括临时或兼职工作 |
| | 劳动过程的组织 | 劳动者从事技能性生产活动,对员工的具体工作细节只能进行有限的管理控制 |
| | 生产特征 | 生产通常是非连续性的 |
| | 产业组织 | 有些服务是国有的公共服务行业;有些则是规模较小的家族企业和私营企业,但却具有很强的优势 |

续上表

| 类　型 | | 描　述 |
|---|---|---|
| 服务产品 | 产品特性 | 无形；很难储存或运输；很难将服务过程和产品分开 |
| | 产品特色 | 通常依据客户的需求进行不同的涉及 |
| | 知识产权 | 难以保护，很少能申请专利保护，虽然版权或设计权可能做得到，但是许多服务创新容易复制；声誉至关重要 |
| 服务消费 | 产品支付 | 生产和消费在时间和地点上不可分离 |
| | 顾客作用 | 客户导向会直接或间接影响设计、生产过程 |
| | 消费活动的组织管理 | 尽管自助服务很平常，但通常生产与消费难以分离 |
| 服务市场 | 对市场的组织管理 | 有些服务是通过公共部门的行政手段提供的；有些服务的成本与产品捆绑在一起销售的，如零售部门 |
| | 管制 | 一些服务业中，行业管制常见，具有重要的作用 |
| | 营销 | 很难预先证实所提供的服务的品质 |

服务业包含的行业最多，不同的服务业理论对服务业分类所采用的方法也不尽相同。这一方面反映了服务业作为一个大的产业类别确实十分庞杂，另一方面也反映了不同的研究者在服务经济理论观点上的差异。

从国内外研究来看，经济学家 Joachim Singlemann 按照服务的功能分类的方法获得较为一致的认可，这反映了经济发展过程中服务业内部结构的变化。Singlemann 把服务业分为四类，其具体情况见表 1-2。

①流通服务，指通信业、运输业以及商业的批发与零售业。流通服务是从生产到消费的最后一个阶段，它们与第一、二产业加起来就是商品从原始自然资源经过提炼、加工、制造、销售，最后到消费者这一整个生产、流通和消费的完整过程。流通服务业至今仍是最大的服务业，占总就业人口的 20% 还多，大约是生产服务业的 2 倍。

②生产者服务，指那些与生产直接相关的服务。生产者服务业的特征是被企业用作生产商品与其他服务的投入。生产者服务被认为是新兴经济的关键服务，为生产者提供信息和知识，提高公司的生产率和员工的工作效率，它的扩张与生产经营活动的关系越来越密切、复杂。

③社会服务。社会服务和个人服务的需求主要来自消费者对它们的直接需要，它们的发展也主要为最终需求所推动。社会服务被许多学者认为是发达社会的重要特征，在工业化后期显著发展。社会服务具有公共需求的特性，这种需求是物质文明高度发达的

产物，必须借助于高度发达的物质生产条件得以实现，因此，社会服务的发展建立在一定的生产率发展水平上。

服务业按功能分类　　表 1-2

| 分　类 | 包含产业项目 |
|---|---|
| 流通服务 | 交通、仓储业、通信业、批发业、零售业、广告业及其他销售服务 |
| 生产者服务 | 银行、信托及其金融业、保险业、房地产、工程及建筑服务业、会计和出版业、法律服务 |
| 社会服务 | 医疗和保健业、医院、教育、福利和宗教服务、非营利机构、政府、邮政、其他专业化服务和社会服务 |
| 个人服务 | 家庭服务、旅馆和饮食业、修理服务、洗衣服务、理发与美容、娱乐和休闲、其他个人服务 |

④个人服务，指与个人消费相关的服务。个人服务主要来自最终需求，一般具有规模小、经营分散、人力资本和物质资本投入少、技术含量低等特点。个人服务与社会服务都属于最终需求型服务，在社会经济发展过程中，个人服务有不断下降、社会服务有不断上升的趋势。

(3)现代服务业的内涵、特征、分类

“现代服务业”是我国特有的提法，在国外尚不多见。在我国，“现代服务业”一词最早出现在 1997 年 9 月中国共产党第十五次全国代表大会报告中，然而，目前理论界还未对其准确概念和范围取得一致的认识。现有文献对现代服务业有以下两种代表性观点。

从狭义论角度看，可分为两类，一类认为现代服务业主要指依托信息技术、现代化科学技术和技能发展起来的，信息、知识和技能相对密集的服务业，即依托信息技术发展起来的新兴服务业；另一类认为现代服务业又称现代生产性服务业，是从传统制造业的部分环节中分化而来的，是为现代生产过程服务的生产者服务业。生产服务业指为生产、商务活动和政府管理而非直接为最终消费提供的服务。

从广义论角度来看，现代服务业是在工业化比较发达的阶段产生的，主要依托信息技术和现代化理念发展起来的信息和知识相对密集的服务业。它与传统服务业相比，更突出了高科技知识和技术密集的特点。现代服务业既包括新兴服务业，也包括对传统服务业的技术改造和升级，其本质是实现服务业的现代化。

另外，根据国外对此方面的研究，并未提出现代服务业这一术语，但有对应的相关概念。其中，美国学者倾向于使用知识型服务业（Knowledge-based Service Industry）来描述现代服务业；美国商务部对知识型服务业做出明确定义，认为是提供服务时，融入科学、工程、技术等的产业或协助科学、工程、技术推动的服务业，该定义偏重以技术服务为特征的知识服务。欧洲学者认为是知识密集型服务业（Knowledge-intensive Business Service），并尝试给予描述性定义，认为知识密集型服务的最主要特征是以知识为基础、R&D（Research and Development，研究与开发）高度密集、高知识附加值。这种一般性定义反映了知识密集型服务业形势的多样性和活动的多样性。

综上所述，现代服务业的内涵在理论和实践中尚存在不同的认识和解释，因此，可以综合性来给出其内涵，从对信息技术和现代管理的依赖程度，工业化发展水平，关联行业的协同发展程度三个维度进行判断。通常，在沿用我国中长期科技发展规划对现代服务业所做的定义基础上认为，现代服务业是在工业化比较发达的阶段产生的，主要依托信息技术和现代管理发展起来的新兴和知识相对密集的服务业；而关联行业的协同发展则是服务业发展演变出现的新模式。根据此划分，现代服务业分为如图1-2所示的四种类型。

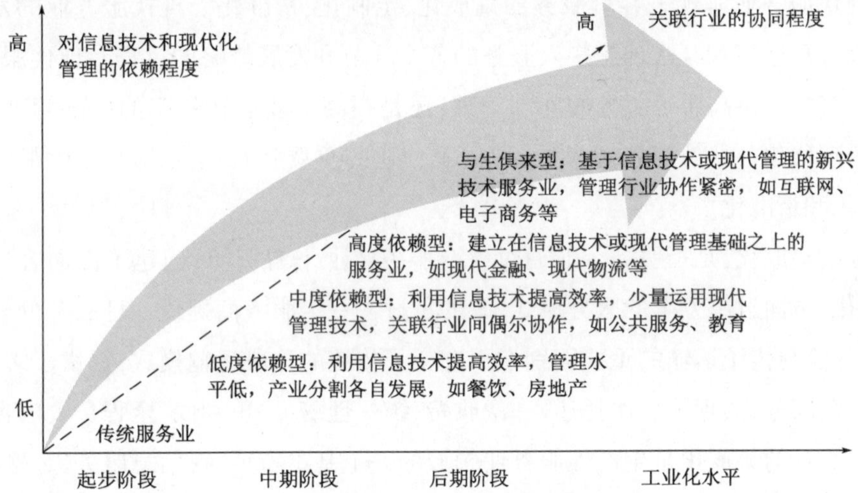


图1-2　现代服务业的演进发展路径

基于上述划分，从服务业与信息技术、现代管理的关系，相关行业的协同发展程度入手，更深入地分析现代服务业的特征。而这些特征则是判断衡量一个行业是否是现代服务业的重要指标。

①现代服务业建立在信息基础设施之上。从服务提供的角度来看，服务可分为：主要依赖基础设施提供的服务、主要依赖专业技能提供的服务和双重依赖基础设施及专业技能的服务三类。现代服务业的服务生产、销售、管理、创新等活动主要建立在对信息基

础设施的高度依赖的基础之上。服务业对信息基础设施的依赖主要体现在:网络基础设施、服务生产工具和自动化服务设施三个方面。其中,网络基础设施主要是指电信网、互联网等基础网络,以及企业、机构的内部专业网络;服务生产工具是指为提供服务而必须使用的各种智能设备,如各个行业都要用到的计算机、服务器,以及与行业有关的专用智能设备。不同行业对网络基础设施、服务生产工具和自动化服务设施的依赖程度不同,但其趋势对网络基础设施的依赖不断增强。

②信息技术和知识融入服务的各个环节。现代服务业对信息技术的依赖性还可以从基本活动和内部管理对信息技术的依赖程度来考察。现代服务业的生产运营流程通常可以分为服务创新、服务生产、服务销售等多个环节,各环节都融入了信息技术和专业知识。这是现代服务业的一个重要特征。在服务创新领域,95%的金融创新基于信息技术,信息技术催生电子商务的同时,也创新了连锁商业新模式。在服务生产领域,金融业的在线证券交易、支付交易已离不开信息技术;物流业的业务过程监控、在线拼合供求、运输网络优化等都建立在信息技术的基础上。

③现代服务业实现了客货服务的集成化、定制化、精准化。现代服务业的发展过程也是现代管理思想和经营理念融入服务的各个环节和发展战略的过程。现代服务企业,无论是向客户提供高质量服务的外部管理,还是提高企业运转效率的内部管理,都实现了管理的现代化。从外部管理来看,现代服务业的重要特征是实现了客户服务的集成化、定制化和精准化。

服务的集成化,是指服务企业通过整合服务链上下游资源,构建了面向客户的一体化、集成化、全面解决方案的服务模式,改变了过去一个服务商提供一种服务的模式。例如,现代物流与传统运输的重要区别在于改变了传统的分段运输模式,提供了多功能、全方位的物流服务,实现了一次托运、一次收费、统一理赔、一单到底、全程负责的远程门到门服务。服务的集成化是生产性服务业领域的一个基本特征,在信息服务、金融服务、咨询服务等领域都呈现了集成化发展趋势。

服务的定制化,是指服务企业能够满足客户不断变化的个性化需求。如同信息化改变了工业时代传统的福特式大规模生产方式,使其被柔性生产方式所取代一样,服务业也实现了针对客户需求的大规模定制。服务的定制化相对于服务的标准化而言,现代服务业的定制化建立在服务的标准化基础之上。现代服务业能够适应客户迅速变动的服务需求以及不同群体的个性化服务需求。现代服务企业要通过柔性和快速的反应使服务多样化和定制化,实现服务产品的开发、生产、营销、交付的定制化。

服务的精准化,是指服务产品实现了需求分析、服务过程、服务标准和服务质量的精准化，在信息技术的支撑和现代管理理念的指导下，实现企业和个人对服务提供在时间、地点、方式、过程、质量、效率等方面的精准要求，满足客户的需要。在现代市场经济条件下，人们对服务提出了更高的要求，越来越关注服务提供的及时性、方便性、有效性、可靠性和经济性，这使服务的精准化成为判断一个企业是否属于现代服务的重要标志。服务精准化的前提是服务的标准化和量化，关键是要对服务提供前、过程中和提供后的各个环节都做到精准化。

④服务内部管理实现了标准化运作、协同化创新。现代服务业对现代管理的依赖很大程度上也反映在内部管理上。总体而言，现代服务业在内部管理上实现了标准化运作、精确化管理和协同化创新。标准化运作是指企业将“标准化”要求融入整个运营管理活动中，实现业务流标准化、数据流标准化和服务质量标准化。集成化、精准化的服务建立在服务的标准化运作的基础上。服务是一个交互的过程，发送者和接收者之间必须遵守一些公共的规范和标准。因此，服务业对信息技术的依赖性越强，其对标准化的要求也就越高。现代服务业通过实现数据标准、数据交换格式标准、交易流程标准、共性服务标准、服务接口标准、服务质量和服务集成标准，降低了服务链横向和纵向的交易成本和生产成本，提高了生产效率，保障了服务质量。

协同化创新是指企业在创新模式上联合产业链或者相关联的产业其他企业，实现技术创新、商业模式创新和服务形态创新的协同推进。在现代服务业技术创新体系中，创新不再是一个线性结构，而是一个网络结构。多种创新资源间及其与环境间相互联系、影响和作用，使技术创新呈现出复杂的系统特征，它需要企业充分发挥各自创新要素的优势，采用系统性观点，从技术、业务和管理等方面实现协同创新。

当信息技术和现代管理思想在服务业内部加以广泛应用时，服务业也将呈现“三高”和“三新”的特征。“三高”即高人力资本含量、高技术含量和高附加值，“三新”即服务的新技术、新业态和新方式。对现代服务业特征的深入理解，也是认识和判断现代服务业发展的重要标志。

对服务业进行分类的目的是为揭示其内部结构的变化，因为服务业的内部结构是产业结构的重要组成部分；而不同服务部门的经济性质，因为不同的服务部门在不同的经济发展时期有不同的增长，这反映了它们与整体经济增长的关系和对经济增长的贡献，对它们的研究有助于制定正确的产业政策。

从实践来看，国内对服务业的分类是一个逐步演化的过程，它是一个不断深化、细化的过程。

目前，关于现代服务业并没有统一、权威的分类体系。并且，人们对现代服务业概念的理解很大程度影响了现代服务业的分类和范围界定。根据现代服务业的内涵,综合《服务业发展“十二五”规划》(国发〔2012〕62 号)以及其他学者已有的分类和国外对服务业的分类标准,可将现代服务业划分为:生产性服务业、生活性服务业和公共服务业三大基础门类。其中每个基础门类中下分多个一级分类,而一级分类下又划分二级分类。

### 1.1.3 现代航运服务业的概念及分类

(1)现代航运服务业概念的提出

目前,业内对现代航运服务业并无统一、明确的解释,这一概念的提出最先来自老牌国际航运中心,认为与航运相关的现代服务行业正不断涌现,且行业之间的关联度也呈现日趋加强的态势。同时,这些围绕航运和海事活动等传统航运服务业而形成的现代航运服务产业正在蓬勃发展。随后,荷兰鹿特丹、中国香港、新加坡等世界著名的国际航运中心也根据自身发展实际,分别对“现代航运服务业”概念做出了相应的解释。我国对于“现代航运服务业”概念的提出,主要是源于对上海建设国际航运中心等相关问题的讨论和研究上。2009 年 3 月,国务院常务会议通过《关于推进上海加快发展现代服务业和先进制造业、建设国际金融中心和国际航运中心的意见》(国发〔2009〕19 号),其中提出发展现代航运服务体系,由此从官方途径正式提出“现代航运服务业”概念。随后,我国学术界、实业界也分别对现代航运服务业的划分及界定做了相应的研究。

交通运输部 2012 年 9 月发布的《交通运输部关于加快“十二五”期水运结构调整的指导意见》(交水发〔2012〕424 号)明确提出“加快发展现代航运服务业”的目标,包括从传统航运服务业、港口服务业、高端航运服务业三个方面,进一步提升船舶管理、船舶交易、无船承运、船舶代理、客货运代理等传统服务业发展水平。提高市场准入门槛,完善船舶委托管理制度,加强对船舶管理公司的监管;完善船舶交易服务场所布局,加强交易行为监管;完善引航、理货等港口服务行业发展政策,加强引航机构建设和理货市场监管;研究制定船舶港口供应服务标准和资质条件,规范经营服务秩序,提升服务质量。大力发展高端航运服务业,建立并完善与之相适应的市场机制。依托国际航运中心建设发展航运咨询、信用评级、运价指数衍生品交易等高端航运服务业务,推进航运信息交换和增值服务系统建设。

基于上述对航运业与航运服务业关系的分析,按照航运服务业的关联程度的不同,可将整个现代航运服务业划分为航运主业、航运辅助服务业和航运衍生服务业。航运的发展需要航运资源或要素集聚,并通过航运服务各个业态彼此之间的关联形成航运产业及其服务集群，从而形成相对齐全的航运功能以及完善的航运产业体系。从主要业态类型来看，航运主业、航运辅助服务业和航运衍生服务业系统构成了整个航运产业体系，航运主业由港口生产服务业和船舶运输业所组成，这是航运服务业所围绕的核心层，其他航运服务业态围绕其展开；航运辅助服务业是紧密围绕航运主业而进行的辅助性服务的产业群系，称之为航运服务业辅助层，又被认为是传统航运服务业；航运衍生服务业通常认为是高端航运服务业，为航运发展提供外围的支持性、导向性服务，其主要特点是高附加值和知识密集型，并且与其他业态有较强的交融性。

现代航运服务业围绕的核心层及其辅助层、支持层三个层面的关系可以概括如下：核心层是传统的港口生产和船舶运输业，对地理空间要求较高，空间紧密程度大，集中在临港区域，但附加增值功能则相对较弱；辅助层航运服务业（传统航运服务业）位居中间，比较灵活，对空间布局有一定的要求，但不明显，可以是临港型产业，也可以不是临港型而位于市中心，其增值功能也是介于核心层和支持层中间；支持层航运服务业（高端航运服务业），是知识密集型和高附加值的航运产业群体，其空间布局最为灵活，通常位于城市核心区域，很少接近临港区域，但其增值功能在三大层面中是最强的。航运服务三个层面及其关联如图1-3所示。

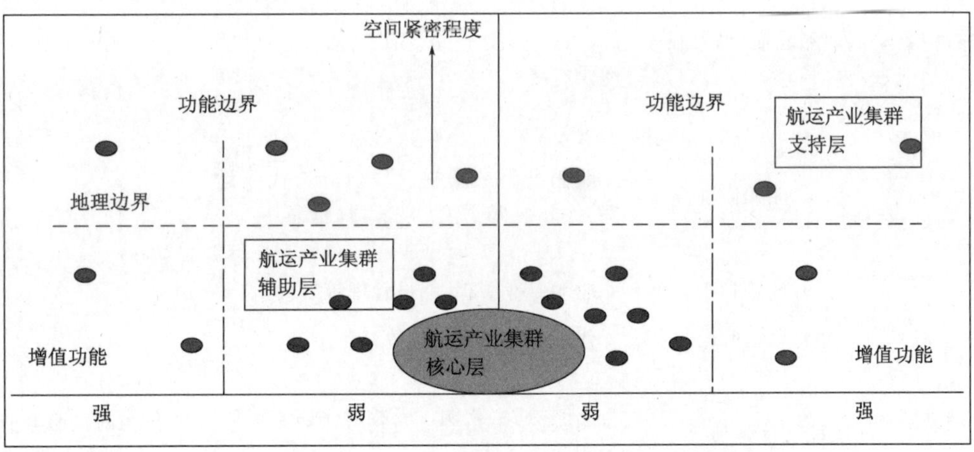


图1-3 航运服务三个层面及其关联

通常认为，航运主业即船舶运输和港口生产服务是航运的传统服务功能，相对而言主要具有航运生产运作的功能业态，并不作为现代航运服务业的范畴。因此，通常认为的现代航运服务业也可以狭义地认为主要包括上述的辅助层和支持层两大层面。本书将按照业界惯例，重点介绍辅助层（传统航运服务业）和支持层（高端航运服务业）两大层面的航运服务产业及其体系研究成果。

(2)现代航运服务业的构成要素

基于上述对现代航运服务业的划分,按照突出重点和简化的原则,可对现代航运服务业的构成要素进行合理分解:支撑层(高端航运服务业)由航运金融、海事法律与仲裁、航运交易、航运教育与培训、航运信息与咨询构成;核心层由船舶运输、码头服务构成;辅助层(传统航运服务业)由船舶代理、船舶管理、无船承运、船舶检验与登记、船员劳务、船舶供应、船舶修理构成。现代航运服务业的构成要素见表1-3。

现代航运服务业的构成要素　　表1-3

| 产业层次 | 产业领域 | 服务功能 | 备注 |
|---|---|---|---|
| A支持层 | a. 航运金融 | 船舶融资、融资租赁、抵押、担保、结算、航运基金、再保、分保、互保、海损估算等 | 高端航运服务业 |
| | b. 海事法律与仲裁 | 海事法律、海事仲裁 | |
| | c. 航运交易 | 船舶买卖、船舶租赁、船舶经纪等 | |
| | d. 航运教育与培训 | 航运教育、培训 | |
| | e. 航运信息与咨询 | 航运顾问、信息咨询、报纸、杂志、网站 | |
| B核心层* | f. 船舶运输、码头服务 | 船舶货物运输、船舶旅客运输;港口装卸、旅客上下、仓储、理货、拖带、引航、船舶供应等 | 航运主业 |
| C辅助层 | g. 船舶代理 | 船舶进出港安排、代收订舱、代收运费、代办结算、熏舱、洗舱、扫舱等 | 传统航运服务业 |
| | h. 船舶管理 | 船舶专业管理、船员管理等 | |
| | i. 无船承运 | 代理国际海上运输等 | |
| | j. 船舶检验与登记 | 船舶检验、船舶设备检验、货舱检验、船舶登记注册等 | |
| | k. 船员劳务 | 船员外派服务、船舶保安等 | |
| | l. 船舶供应 | 船舶燃料、用品、备件;船员生活用品、食品及淡水供应等 | |
| | m. 船舶修理 | 船舶主体修理、配件修理及维护等 | |

注:* 核心层不作为本书的研究内容。

# 1.2 现代航运服务业特点及发展演变

## 1.2.1 现代航运服务业的特点

现代航运服务业是传统航运服务业的转型方向，是多种产业融和下的新形式，不仅具有多种特征的表现，同时在发展上形成了阶段性的不同特点。从世界上典型的国际航运中心的发展经验来看，现代航运服务业体现了服务业内融和、信息技术的融和、制造业融和的三大主要特征：

(1)体现了现代航运服务业内部的融和

现代航运服务业的产生，主要源于多种需求的结合，这种融合属于服务业内的融和。尤其是航运服务业与金融服务业的融和，其中以这一融和作为航运高端服务业里最突出的部分，具有长时间的发展历史和变革阶段，目前逐渐衍生出新的航运高端服务产品。早期的航运金融服务业包括了航运融资、保险和价格衍生产品。而与航运服务结合的服务业领域的创新会快速融入现代航运服务业当中，例如航运指数期货、运费远期/期货合约和运费期权等。航运服务业与法律服务融和产生了航运(海事)法律服务，随着航运业的发展和壮大，海事法律服务的需求应运而生，并成为现代航运服务业中具有最长历史的服务品种之一。航运服务逐步受到重视以后，全球航运信息成为航运业及相关行业非常关注的决策资料，从事市场研究服务的机构逐渐将研究视角深入到航运业内，形成了全球航运市场信息服务业行业。上述各种现代航运服务业均是航运服务业与其他服务业融和的结果，这种融和，一方面源于市场全球化扩张产生大量的需求所致，也是由于全球生产模式的改变导致资源的全球配置所致。

(2)在信息技术推动下，使航运业与其他现代服务业相融和

信息技术和通信技术的发展改变了全球多个行业的业务处理模式和管理模式。而产业融和的动因来自技术动因(数字化)、经济动因(自由主义)、管制被削弱、全球化的数字通信网络，航运高端服务业的产生和发展也在信息技术的辅助下，实现了许多服务的提升和普及，在信息技术融入之前，有许多服务在整体规模和普及范围上都存在较大的局限，例如航运价格指数，在拥有了先进的网络和通信技术之后，能够迅速在全球范围传递实时信息，为基于航运价格指数的航运指数期货、运费远期合约等交易的形成和

发展奠定了基础。同样,信息技术的发展使得各种资讯的全球传播十分迅速,也为现代航运服务业的发展提供了极大帮助,如航运市场信息一般需要涵盖全球市场信息,需要在高度发达的资讯和通信体系下才能提供及时更新的信息,如 Clarkson 所提供的航运信息服务等。

(3)体现了航运服务业与制造业的融和

航运业的全球大规模扩大源于全球制造业的发展,而制造业的发展源于世界经济的繁荣,世界人民需求的不断增长。制造业与航运业的发展密不可分,制造业的发展促进航运业的壮大,航运业的扩张则促进了制造业分工的进一步全球化。在新形势下,现代制造业与现代航运服务业的融和,首先,体现在航运业密切相关的船舶制造方面,船舶设计、制造和维修、交易、拆除等发展,延伸出航运贷款、租赁等现代航运服务业;其次,两者的融合体现在生产性服务业与航运业的结合上,如保税物流加工等,将生产性服务与现代航运物流结合的新型服务,在未来将会有很大的发展空间。

### 1.2.2 现代航运服务业发展演变过程

一般来说,产业的发展遵循从低级向高级的发展过程,而现代航运服务业也是如此。因此,根据相关学者对航运服务聚集区发展阶段特征的研究,可将现代航运服务业发展过程分为 3 个阶段:即初期阶段、加速成长阶段、成熟阶段。并结合英国伦敦、荷兰鹿特丹、中国香港等地现代航运服务业发展过程,分别将不同产业形成的时间节点反映在现代航运服务业的各个发展阶段中(图 1-4)。

(1)初期阶段

由港口资源与市场需求所吸引的简单的企业聚集,企业所提供的服务也是最直接的。随着越来越多企业的进入,航运服务业规模的扩大使航运服务业分化为港口服务业、船舶运输业、航运辅助业以及其他航运衍生产业。在专业化分工的推动下,市场进一步扩张,航运服务集聚区外部性逐渐提升。市场的进一步扩展有助于更多的企业以更低的成本开发新的服务产品,航运金融、航运保险、航运仲裁等行业陆续出现,航运产业链拉长,航运服务产品越来越丰富。

(2)加速成长阶段

经过初级阶段的发展,现代航运服务业产业链基本完善。航运企业完成初步资本积累,企业发展稳定,核心企业能根据市场需求的变化快速调整供给。在主要航运服务聚集区内,航运及相关产业的企业分工明确,同时具备良好的竞争与合作关系。政府对现代航运服务业发展具有重要的推动作用，主要表现为完善企业商务环境和建设配套产业。

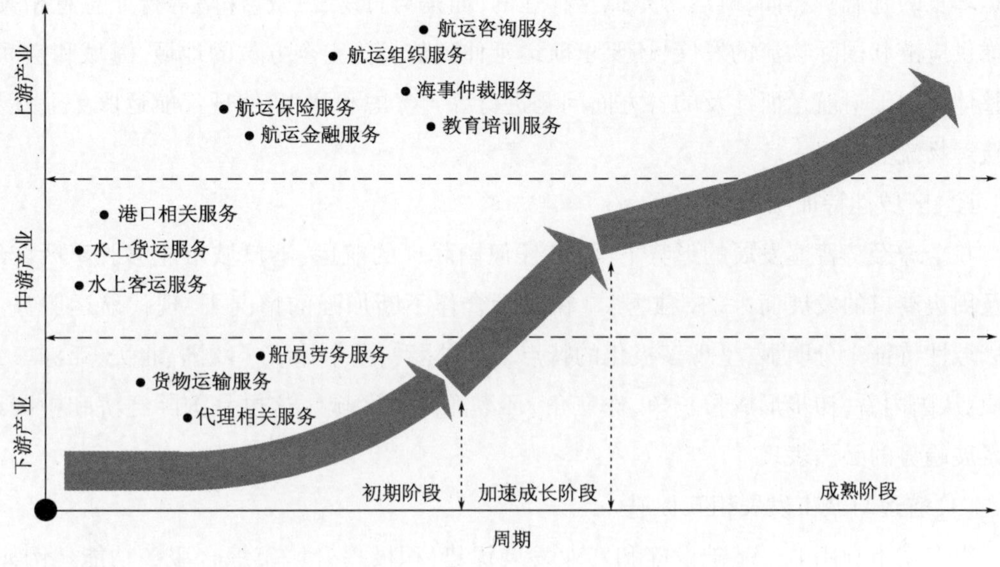


图 1-4 现代航运服务业各发展阶段所形成的产业

(3)成熟阶段

经过加速成长阶段的发展，现代航运服务业进入以创新为动力的成熟发展阶段。航运服务辅助业逐渐完善，创新网络逐渐形成，企业间市场信息交流通畅，协作机制形成。政府的作用逐渐变弱，主要通过各种途径促进企业间的协作交流以及企业与外界的联系。在成熟阶段，发展现代航运服务业的地区形成自己的特色与竞争优势。技术、知识、管理的创新是促进现代航运服务业发展的内在推动力。

由此来看，现代航运服务业的发展阶段体现了该产业的发展趋势，即现代航运服务业是在传统航运服务业上延伸和转型，既从属于传统服务业范畴，同时兼有现代服务业的特点。根据 2006 年我国制定的《中华人民共和国国民经济和社会发展第十一个五年规划纲要》中第四篇“加快发展服务业”的描述，现代航运服务业是现代服务业的重点发展行业之一。与传统航运业相比，现代航运服务业在产业功能上有了极大的提升。传统航运业只定位于货物运输、货物装卸、拖船作业、码头服务、仓储服务等方面业务，主要涉及现代航运服务业的中游产业部分，覆盖面比较单一。而现代航运服务业是航运业的功能延伸，主要体现在金融、信贷、信息、人才、技术和管理等高端航运服务产业上，最大化实现了航运产业的规模效益和集聚效益。通过研究分析国外现代航运服务业发展情况，其发展趋势表现在以下几个方面：

(1)功能性联动增强

发达的现代航运服务业必然以产业经济为依托,是港口城市的产业基础、功能基础,也是增长的基础。然而,航运不是孤立存在的,而是与贸易、融资、保险等行业息息相关。全球供应链和国际物流的发展,还要求航运延伸到陆、海、空全方位的地域、海域和空间,从整体流程上对航运所涉及的各方面问题进行综合考虑和解决,使现代航运服务业逐步向航运物流业发展。

(2)区域性特征明显

在全球经济普遍发展的形势下,没有任何国际性的航运、港口城市能够脱离区域经济及周边港口的发展而“一枝独秀”。在国际合作不断加强的情况下,现代航运服务业的区域性特征十分明显,呈现多极化的特点,从国际看,基本形成了欧洲、北美、亚洲三大板块;从国内看,初步形成长三角、珠三角、环渤海湾等区域。这也是国际经济和中国经济发展趋势的必然表现。

(3)航运与城市发展相互促进

很多城市利用航运基础设施和产业发展优势,积极提升城市综合服务功能。例如,新加坡,除了海运,其还在空运、炼油、船舶修造等方面具备产业优势,同时又是重要的国际金融和贸易中心。利用这些优势条件,围绕集装箱国际中转,衍生出许多附加功能和业务,包括国际箱管与租赁中心、空港联运、国际船舶换装修造中心、国际船舶燃料供应中心等。航运与城市产业发展相互促进,成为现代航运服务业发展的共同特征。

# 第 2 章
CHAPTER 2

# 国际航运中心现代航运服务业发展经验

现代航运服务业发展繁荣多见于世界上著名的国际航运中心,如英国伦敦、新加坡等,这些地点除拥有具有一定规模的基础设施等硬件条件,在金融、人才等软环境方面的建设是奠定其现代航运服务业快速发展的重要因素。

## 2.1 新加坡现代航运服务业发展

作为新兴的国际航运中心,新加坡发展势头良好。随着经济发展,航运业也不断面临各种挑战。新加坡凭借其地理环境优势,大力发展航运服务业。

### 2.1.1 新加坡现代航运服务业发展概述

新加坡特殊的地理位置,是连接亚洲、欧洲、非洲和大洋洲的海上枢纽和东南亚的重要门户,被称之为“东方十字路口”。新加坡港位于马六甲海峡,属于枢纽大港,是东西向主贸易航道的要冲,腹地辐射范围遍及东南亚诸港,地理条件得天独厚,软硬件实力高度成熟。

新加坡因港而兴,是亚太地区重要的国际贸易、国际金融和国际航运中心。新加坡航运相关企业有5000多家,产值占其国内生产总值的7%,提供近12万人就业,占总就业率的4.1%,对新加坡经济社会贡献巨大。

早在19世纪初,新加坡就已经是海运货物的集散和中转地,开始成为原始意义上的航运中心。1960年起,集装箱运输在世界上逐渐兴起。新加坡抓住机遇,开始大力兴建集装箱专用泊位。通过逐步改建和新建集装箱专用码头,配合积极的集装箱中转政策,与政府当局和相关行业紧密协作,新加坡港迅速发展、转变成为地处东南亚的集装箱国际中转中心。

新加坡港主要货源都是国际中转,水水中转业务十分发达,达全港吞吐量的80%以上。其与世界上120多个国家和地区的600多个港口建立了业务联系,每周有430个航班发往世界各地,为货主提供多种航线选择,也为国际中转服务提供了保证。进入21世纪,新加坡更加重视海事产业积聚及其对国际海事中心的意义。许多船公司、船舶管理公司、船舶经纪公司、船舶代理公司、船舶金融公司、海上保险公司、船级社、海事法律服务组织等在新加坡设立总部。

作为国际海事中心的航运服务业在新加坡被称为海事辅助服务(Maritime Ancillary Services)。新加坡通过提供综合、无阻碍的海事辅助服务追求一站式枢纽港的目标,以满足船公司、船舶经营者以及航运供应链上所有其他企业多方面的需求。新加坡海事辅助服务较具特色和规模的主要有船舶管理和代理船舶经纪、船舶融资和海上商业保险和保赔保险、海事法律服务和仲裁服务。

## 2.1.2 新加坡现代航运服务业发展优势

新加坡通过提供综合、无阻碍的航运服务,以成为一站式枢纽港,尽量满足船公司、船舶经营者以及航运供应链上其他企业的多方面需求。其主要功能和特点如下:

(1)国际中转服务

国际中转服务是新加坡国际航运中心的最突出特色。新加坡班轮航线具有高密度、全方位的特点,中转集装箱在新加坡很快便能运往目的地。一般而言,新加坡港的大部分集装箱在港堆存时间为3~5天,还有约1/5的集装箱堆存时间仅为1天。作为国际集装箱中转中心,极大地提高了全球集装箱运输系统的整体效能,成为国际航运网络中不可或缺的重要一环。此外,新加坡为船公司提供集装箱便捷货物72小时进出口免费存储服务,其港口服务效率和低廉的收费闻名世界。

(2)中转衍生综合服务

新加坡以集装箱国际中转服务为基础,大力延伸现代航运服务产业链,衍生出许多附加功能和业务,丰富和提高了其作为现代意义上国际航运中心的综合服务功能,具体包括国际箱管和租赁、空港联运、国际船舶换装修造、国际船舶燃料供应等方面。①国际箱管和租赁:发达的集装箱国际中转业务,吸引了众多船公司把新加坡作为集装箱管理和调配基地,形成了一个国际性的集装箱管理与租赁服务市场。新加坡正是因为这一市场,几乎避免了没有足够空箱而丢失客源的情况。②空港联运:空港联运是新加坡海港与新加坡空港合作开展的一项增值业务,利用两种运输方式的优点,满足用户的特殊需求。它不仅能够满足客户的应急之需,也极大提升了客户对新加坡港的信任度和新加坡作为国际航运中心的知名度,对新加坡港及其航运服务业的发展都有着长远意义。③国际船舶换装修造:作为亚洲最大的修船基地之一,新加坡港拥有一个40万吨级的巨型旱船坞和两个30万吨级的旱船坞,能够同时修理的船舶总吨位超过200万吨。同时,新加坡港还提供国际船舶换装与修造一体化的服务，既节省了成本，又方便了船主，也为新加坡修船业招揽更多业务。④国际船舶燃料供应：新加坡是世界第三大炼油中心，利用其规模优势，船用成品油价格相对较低，加之位于国际航线的要冲，新加坡已发展成为国际船舶燃料供应中心。

(3)海事金融

航运中心与金融中心的发展相辅相成。新加坡政府通过民间海运业者联合成立"新加坡海事基金会""金融仲裁工作小组"等，促进新加坡成为国际海事金融中心。通过新加坡交易所拥有的太平洋航运信托、第一船舶租赁信托、海事航运信托三个信托基金促进业界合作，从而吸引全球海运业者以新加坡作为营运基地。其推出海运金融激励计划，支持和鼓励金融机构从事航运金融产品创新。再以船舶交易为例，新加坡采用灵活的外汇政策，只要买卖双方把自己公司注册地开户行的证明函给交割地银行，所有文件的原件均可后补，联名账户就开立，买方便可将定金汇入该联名账户，满足了船舶买卖业务的需要。

(4)其他高端航运服务

新加坡大力发展以船舶融资，注重吸引高素质船舶注册，并进而吸引船公司和船舶管理公司，这成为其航运服务业的发展基础。此外，新加坡积极促进船舶经纪发展，同时提供海上商业保险和保赔、海事法律服务和仲裁服务等。作为海事仲裁中心，新加坡具有四大主要优势，分别为：有吸引力的法律成本、裁判的一致性、廉正性和公正性。

### 2.1.3 新加坡现代航运服务业发展启示

新加坡现代航运服务业在短时期内得到飞快发展绝非偶然，总结其经验启示，主要包括以下六点：

(1)政府重视及有力举措为航运服务业的发展提供了保障

新加坡海事港务局(MPA)陆续出台了以税收政策为主的海事投资企业计划(AIS)、船旗转换优惠政策(BTS)、海事金融激励计划(MFI)、核准船务物流企业计划(ASL)等一系列政策措施。

(2)围绕国际中转，利用其他优势，发展综合服务业

新加坡港以优质的服务和低廉的收费举世闻名，诸如：低廉的油价；高性价比的修船业；全年 365 天 24 小时的船舶服务；良好的船用物料、备件供应等。众所周知，除了海

运,新加坡在空运、炼油、船舶修造等方面皆具备产业优势,同时又是重要的国际金融和贸易中心。充分利用这些条件,新加坡围绕集装箱国际中转的特色,衍生出许多附加功能和业务,大力发展综合服务业,丰富和提高了新加坡作为现代意义上国际航运中心的综合服务功能。

(3)优先发展航运金融,促进航运服务业发展

城市发达的贸易和金融业是航运服务业发展的重要保证。优先发展航运金融,有利于促进航运服务业的发展,同时也是国际航运中心实现战略转型的一个重要支撑。近年来,为了巩固国际航运中心地位,新加坡推出海运金融激励计划,支持和鼓励金融机构从事航运金融产品创新,从而促进新加坡现代航运服务业核心竞争力的提升。

(4)自由港政策在更深层次上发挥着作用

中心城市在港口航运业与转口贸易基础上,运用自由港政策,迅速成长为名列世界前茅的国际贸易与金融中心。新加坡同世界许多国家签订了自由贸易协定。新加坡实行的自由港政策,体现在自由通航、自由贸易,允许境外货物、资金自由进出,对大部分货物免征关税等方面,促进了航运服务业的发展。

(5)发展高科技应用,提高信息化程度,实现高效管理

新加坡港走在世界港口前列,与其长期以来重视港口科技发展密不可分。新加坡港采用综合码头营运系统和全国性海港网络电子商务系统,使得码头的营运效率大大提高,并确保港口业务每天24小时顺畅有效地运作。物流公司基本实现了整个运作过程的自动化。新加坡港将高科技运用于物流、海事、码头作业、货运及供应链管理等方面,取得了卓越成就。并且,新加坡国际航运中心主要以TRANENET和PORTNET两个电子信息系统为平台,通过横向联合,把新加坡所有国际贸易主管机构连接到一个整体的系统网络中,实现各部门之间的信息共享;通过垂直联合,确保信息的畅通。新加坡信息化程度的提高,有利于航运业的高效管理和优质服务。

(6)注重人才培养为航运服务业发展提供实践型人才

新加坡政府为“海事基金会”每年出资300万新元,资助中小企业海外参展和学生完成航海学业。新加坡籍海员,政府会发特别奖励金,同时每年在新加坡工作不足183天还可以免交个人所得税。新加坡作为新兴的国际航运中心,并且凭借其得天独厚的地理环境优势,其航运服务产业以水水中转为最大特色,并不断衍生出更加全面的服务功能和更加完善的产业链,具有鲜明的特点。

## 2.2 中国香港现代航运服务业发展

与新加坡一样，中国香港是世界上最繁忙、最高效的港口之一，属于中转型国际航运中心，其市场定位为全球航运服务中心。

### 2.2.1 中国香港现代航运服务业发展概述

从地理环境来看，香港是世界著名的国际航运中心，直接腹地是珠三角地区，位处远东贸易航道要冲，坐拥天然屏障围绕的深水港。从软环境来看，香港作为一个以中转为主的国际大港，是名副其实的亚洲物流枢纽，也是亚太地区第三大国际金融中心。它在资金、投资、市场、经纪、法律、资讯等诸方面富有吸引力，为其发展具有特色和规模的航运服务业打下了坚实基础。

20 世纪 70 年代，香港在成为重要的银团贷款中心的基础上逐渐发展成为国际航运中心。2003 年起，随着中国经济的快速增长和香港与内地签署《内地与香港关于建立更紧密经贸关系的安排》(CEPA)以后，香港作为内地门户的角色重要性逐渐增强。在服务功能上，香港背靠大珠三角，侧重国际中转，已成为中国内地的转口港，经常有不少运送货物或乘客的远洋船穿梭往返，因此，香港面临着怎样巩固和发展优势与特点的问题，需要进一步拓展外部空间来输出服务，提升层次与活力。

随着香港国际航运中心建设不断推进，香港航运服务业已十分发达。世界上许多大型和著名的船舶管理公司都在香港设有公司，香港大力发展船舶注册登记，截至 2012 年底，注册登记的船舶达到 1361 艘、3964 万总吨位；世界上的主要船级社都在香港设有办事处，香港有超过 50 家拥有合格验船师的验船机构。香港提供优质的国际中转服务，集装箱吞吐量一直名列前茅，2008 年完成 2432 万标准箱；香港是海事法和商业法在亚洲的中心，也是世界上许多大型保赔协会代表处的驻地；世界上 200 家主要银行的 85 家都在香港设有分行；香港是世界船舶买卖经纪中心之一，同时也是亚洲跨国交易的中心；香港通过大量资深航运专家，开设海事保险、船舶融资、海事仲裁、海事法律、船舶注册及船务经纪等航运服务研修课程，贮备有大量航运服务人才。

香港不断利用自身自由、开放、有序的自由港政策，健康、成熟、完善的市场经济体系，与国际接轨的法律体系和法律制度，丰富、健全、高效、灵活的金融系统，高度发达的第三产业及服务体系等资源优势发展航运，终将促使香港向智能型的航运服务中心转型。

## 2.2.2　中国香港现代航运服务业发展优势

香港是亚洲区域内保险、法律、仲裁、管理和经纪服务中心，同时也是著名的国际船舶注册中心、国际船舶融资中心、国际航运结算中心。航运服务业门类齐全，具有很大的资源优势，具体表现在以下几方面：

(1)船舶经营、管理和注册

香港的船舶经营已扩展至国际层面，从传统的劳动密集型航运转化为“知识型航运服务”。设在香港的远洋船船东和经营公司已超过110家，其业务多为散货船，其次是油船和集装箱船。并且，香港积极推行第3方船舶管理，船东在具备管理旗下船舶以及为其他船舶提供服务的能力后，成立相应船舶管理公司。船舶管理服务带动了技术管理、新船建造监督、船舶修理和改装监督、商务管理、船员管理以及提供船员培训设施等。由此，既能更有效地控制船舶经营成本，又能让船东专心处理其核心业务。此外，独立自主的香港船舶注册始于1990年，由香港特别行政区政府辖下的海事处管理。目前，香港注册船舶约有1374艘，总吨位超过4000万吨。香港船舶注册已跻身全球五大船舶注册之列。

(2)船舶融资

香港现有自由开放的金融体系，资金流动不受限制，已经成为亚洲首屈一指的国际船舶融资中心，为船东提供了理想的营商环境。目前，香港很多来自欧洲、日本、中国内地和香港本土的大型银行或船舶融资机构，都活跃于香港船舶融资市场。这些银行或机构的业务，从新船或二手船融资，已扩展到其他航运活动服务范畴。

(3)船舶检验

除船级社外，香港还有很多其他验船公司，其拥有高技术的验船人员，为到港船舶检查船体、机器和设备。国际船级社协会10个成员中，9个在香港设有分处。

(4)海事保险

香港设立亚洲船体保险市场，为亚洲区船东提供服务。世界最大、最有信誉的一些海损理算公司在香港开设永久办事处，以合宜的收费、提供完备的服务而闻名。目前，香港拥有超过100名的核准船舶承保人，每年承保船舶的毛保费超过港币10亿元。

(5)海事法律与仲裁

香港司法制度独立,不受立法和行政制度影响。所实施的法例与海事法、仲裁法、商业法等都与国际法接轨。许多国际海事律师事务所都在香港设立办事处。律师事务所的海事法律师都通晓中英双语,且熟悉国际航运事务,能为航运界提供包括船舶注册、买卖、租赁、保险等法律服务。法律仲裁方面,香港国际仲裁中心成立于1985年,运作独立,财政自给自足。中心的仲裁员均由熟悉海事法、国际贸易法等多个领域的香港出色商业和专业人才担任。10多年来,中心提供的仲裁服务、处理的仲裁个案数量已超越伦敦及不少亚洲和欧洲国家的对等机构。

(6)船务经纪

香港船务经纪蓬勃发展。一方面船务经纪商具备开拓国际客源的能力,另一方面香港具有作为国际商贸中心的优越条件,世界许多具备一定规模的船务经纪商都在香港设立地区总部。香港的船务经纪商获得船务经纪专业学会、波罗的海商业与航运交易所等国际组织的认可。

(7)人才培养

香港在培养航运人才、培育市场创新意识等方面做法独到。如:为了储备香港航运业的后备人才,香港海事处早在2004年就开始推出航海训练奖励计划,鼓励香港年轻人接受并完成航海训练,希望他们日后投身港口和航运的支持服务业。目前,已有120名高级船员实习生和轮机员实习生受惠。

### 2.2.3 中国香港现代航运服务业发展启示

香港现代航运服务业的迅猛发展需归功于以下几个方面:

(1)综合优势突出

香港具有高效率的经济运作环境、良好的海陆空基础设施,商贸支援及物流服务效率居世界前列;香港法制健全、金融体系稳健、监管机制严密,能够保证公平开放的市场竞争;香港对进出口贸易基本上没有什么管制,对进口商品不设关税和非关税壁垒,税制简单,税率低,对企业实行经营自由制;企业资金、劳动力、生产资料的供应和分配,均由企业自主选择。

(2)航运服务业集群发展成熟

香港航运市场服务网络完备,进一步吸引世界各地航运公司到香港开展业务。现有约900家与航运有关的公司在香港经营,可提供全面的航运服务,形成了良好的航运服务产业集群发展模式。

(3)法律服务国际化

香港采用国际社会所熟悉和接受的法律体系和法律制度,有利于海事仲裁等高端航运服务业的发展。香港仲裁员的公正性、专业性和职业道德为业界公认。

(4)政府政策大力支持

香港特别行政区政府大力支持航运服务业的发展,奉行自由港、单独关税区、低税率、资金及信息自由流动等政策。以税收政策为例,香港旗船舶的(国际)航运收入全部免税,无须缴纳任何营业税、所得税,只征收本地发生业务16.5%的利得税。挂香港区旗的船舶可以方便进入我国台湾港口,而进入中国内地港口的吨税也比外国旗优惠29%。此外,各国港口管理部门出于对香港海事监督的信任,对挂香港区旗的船舶没有歧视性政策,这也大大促进了香港船舶注册等高端航运服务业的发展。

(5)注重航运人才培养

香港特别行政区政府提供了航海训练奖励计划、船舶维修训练奖励计划和教育及职业博览等举措,政府对训练培训的补贴、资助和讲座等,促进了航运相关人才的培育发展。

## 2.3 英国伦敦现代航运服务业发展

依赖于英国伦敦的历史传统和人文条件,伦敦国际航运中心形成了以市场交易和提供航运服务为主的特殊模式。作为该模式的唯一代表,伦敦现代航运服务业取得了重大成就。

### 2.3.1 英国伦敦现代航运服务业发展概述

19世纪40年代,第一次工业革命基本完成,作为世界上第一个工业化国家,英国利用自身经济和贸易中心的优势,带动了伦敦国际航运中心的发展。20世纪后期,随着"一战"和"二战"的影响,加上第二次工业革命后德国和美国经济的飞跃发展,世界经济与贸易体系中,英国的地位江河日下。尽管英国国际竞争力的下降给伦敦国际航运中心带来了巨大的冲击与挑战,但伦敦仍然凭借其先进的商船队、发达的租船市场以及多样化的航运服务,继续傲居国际航运中心之列。此时,伦敦国际航运中心最早出现由货运中心向服务中心转型的趋势。

伦敦国际航运中心的转型趋势为伦敦充分利用服务业的比较优势,生产性服务业和消费性服务业蓬勃兴起提供了肥沃的土壤。

港区分离、传统港口外迁为伦敦航运服务业的发展提供了场地条件。20 世纪 40 年代,伦敦将港口硬件设施外移到离市中心以东 40 公里的提尔伯里和沿河下游,采用港区分离的模式,陆续关闭紧挨市区的两大港区。1967 年起,泰晤士河口以北、距离伦敦市中心近 100 公里的费利克斯托开始兴建适应集装箱船靠泊需要的集装箱枢纽港。1990 年,泰晤士河口离市中心 56 公里外泰晤士港的新建,使得原市内码头区开始用于非海运的商业办公、娱乐休闲和房产开发。船舶和港口逐渐越来越远离城市中心,基本航运服务业跟随船舶和货物走向城市外围是历史的必然。此外,伦敦的波罗的海交易所在航运交易中介领域具有领先地位,英国的海事相关法律体系具备一定规模,伦敦的保险业和金融业较为发达。依靠这些优势,伦敦加强在市中心城区建设航运服务软环境,大力发展高端航运服务业,如航运融资、海事保险、海事仲裁等,其随着城市的航运经济、船舶金融、海运教育、航运信息的成熟和发展,在城市中心逐步生根发芽,航运服务集聚区逐渐形成。伦敦现代航运服务业的构成如图 2-1 所示。

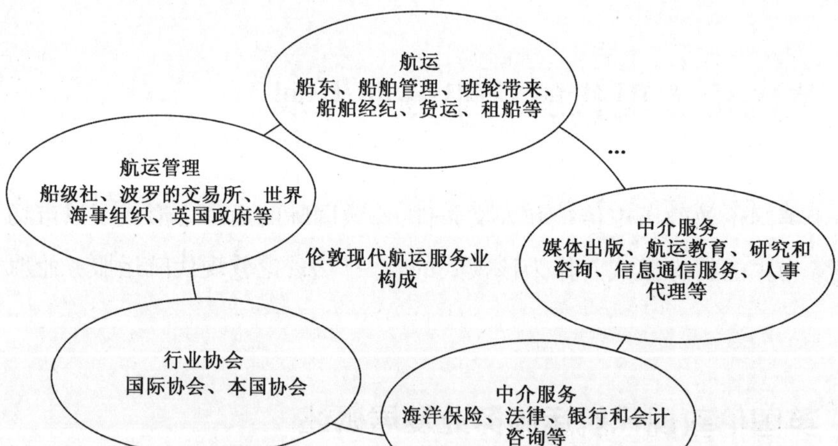


图 2-1　伦敦现代航运服务业的构成

随后,伦敦高端航运服务业已成为世界品牌,集聚区拥有数千家上规模的各类航运服务企业。伦敦也凭借其规模巨大的航运服务产业仍保持着全球顶级国际航运中心的地位,世界上大约有一半的船只交易业务在此成交,聚集着国际海事组织总部、国际海运联合会、国际货物装卸协调协会、波罗的海航运交易所、波罗的海和国际海事公会等诸多国际航运组织。

伦敦发展航运服务业成果斐然。以 2008 年为例，伦敦部分航运服务的国际市场份额分别为：船舶融资占 13%，保险承保占 17%，保险保赔占 62%，劳埃德船级社占 18%，油轮租赁占 50%，干散货船租赁占 30%～40%，二手船租赁占 50%。伦敦的现代航运服务业规模庞大、发展成熟、充满活力。航运服务部门包括：船运、中介服务、航运管理、支持服务以及行业协会等。伦敦现代航运服务业功能齐全，提供的服务面面俱到，供应链错综交织，形成众多的航运服务产业集群(图 2-2)。强大的产业力量将这些特质凝聚在一起。伦敦现代航运服务业堪称世界一流，它将众多公司、专业化供应商、服务提供商，以及相关产业的企业凝聚一起。伦敦作为全球重要的航运服务出口地，其航运服务业服务于全球，律师、经纪人、金融家和其他众多专业人士向全球市场输出知识，并凭借高质量的服务赢得极高的声誉，特别在航运法律和船舶经纪方面。

伦敦航运服务集群如图 2-2 所示。

高端航运服务业对伦敦国际航运中心的发展做出了主要贡献，对伦敦经济的发展也至关重要。据统计，伦敦的服务业产值占国内生产总值的比重超过 85%，其中，2006 年伦敦航运融资放贷总额约 200 亿英镑，约占全球市场份额的 20%；船舶融资占全球市场的 18%，海上保险占全球市场的 23%，航运保费收入约 32 亿英镑，占全球市场份额的 19% 左右；航运交易金融约 340 亿美元，约占全球市场份额的 50%；航运仲裁年案值约 4 亿美元等。伦敦高端航运服务业概况见表 2-1。

伦敦高端航运服务业概况　　表 2-1

| 服务内容 | 基本情况 | 服务机构 |
|---|---|---|
| 船舶融资 | 船舶贷款、船舶租赁 | 苏格兰皇家银行 |
| 海上保险 | 船舶险、货运险、责任险 | 伦敦保险公司、英国劳埃德合作社 |
| 航运价格衍生品 | 航运指数期货、运费远期/期货合约和运费期权 | 伦敦清算所 |
| 船舶登记 | 船舶登记 | 劳埃德船级社 |
| 航运交易 | 发布价格水平指数，提供交易场所、信息服务等 | 波罗的海航运交易所 |
| 航运信息 | 发布、提供权威航运信息 | 克拉克森、劳埃德、德鲁里等 |
| 海事法律 | 仲裁世界 90% 的海事案件 | 伦敦海事法院 |
| 国际组织服务 | 协调各国海上安全和防止船舶污染工作的政府间国际组织、海事立法、船舶技术规则和要求制定等 | IMO、ISF、ICHCA、BIMCO |

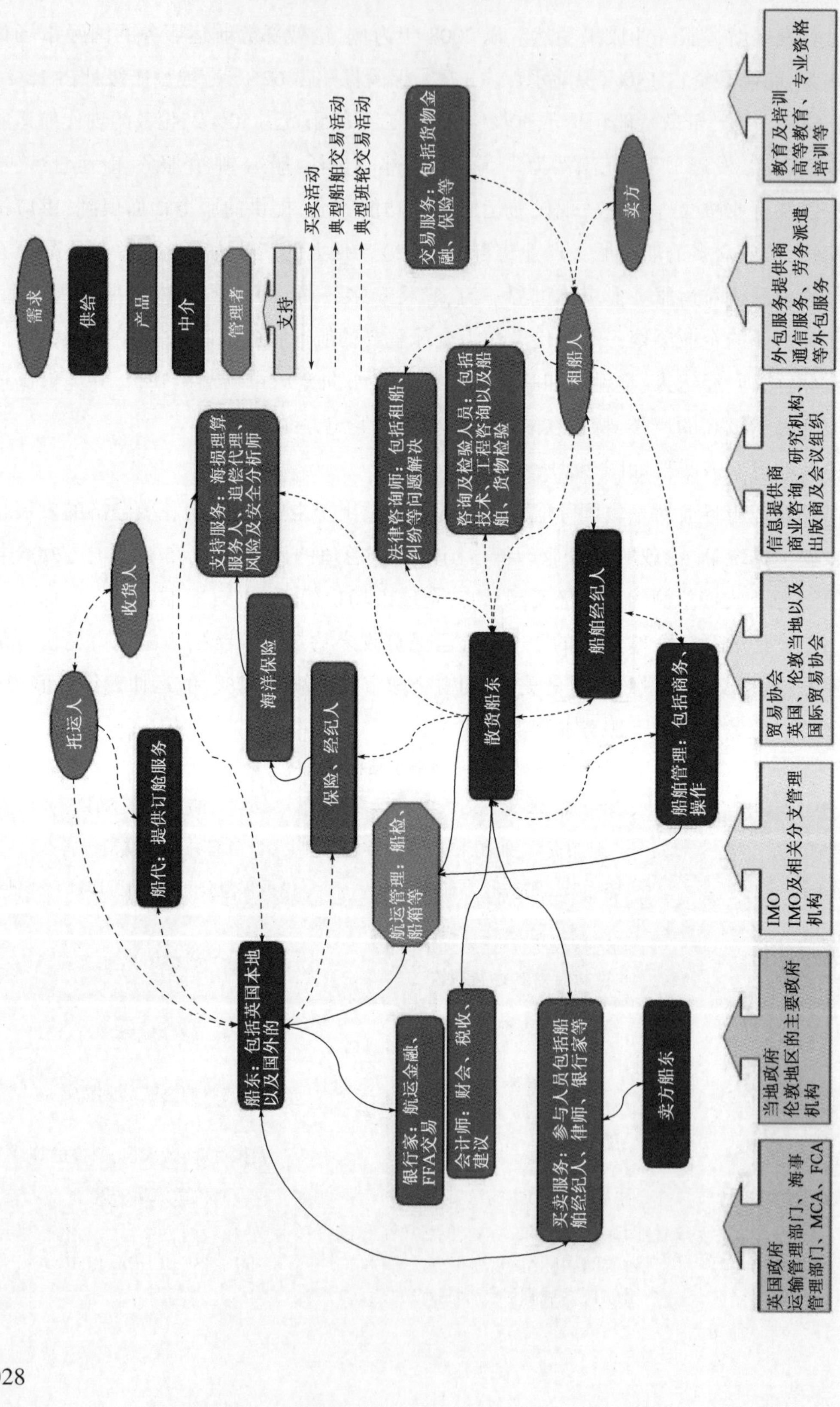


图2－2 伦敦航运服务集群

值得注意是,现代航运服务业为英国提供了大量的就业岗位(主要集中在伦敦),约有17200个左右(表2-2)。近年来从事以市场交易为主要内容的船务经纪(包括支持人员)的人数不断增加,从2000年400万人人增加到2016年的1.3万人以上;保险经纪(包括P&I俱乐部和海损理算)大约有2450人;伦敦在航运法律服务方面也是世界领先的,在涉及跨国航运纠纷时,英国法律是运用范围最广的法律,律师事务所从业人员(包括大律师和海事仲裁员)从1990年的800人增加到2009年的2350多人;劳埃德船级社是世界第二大船级社,占10%的世界船队,在船级社工作的有3000多人。上述行业的就业人数已经占总人数的近80%,说明伦敦的现代航运服务业主要以市场交易等增值服务为主。

**1990—2009年英国航运服务业的就业人数(单位:人数)**　　表2-2

| 职业或部门 | 1990 | 2000 | 2001 | 2003 | 2005 | 2009 |
|---|---|---|---|---|---|---|
| 船舶经纪 | 1954 | 1700 | 1700 | 1900 | 2041 | 5000 |
| 支持人员 | — | 2300 | 2300 | 2300 | 2457 | — |
| 银行人员 | 982 | 400 | 400 | 400 | 400 | 200 |
| 承销商 | 827 | 500 | 500 | 200 | 200 | 200 |
| 保险经纪 | 2608 | 1800 | 1650 | 1600 | 1500 | 1500 |
| P&I俱乐部 | 661 | 1100 | 1060 | 1050 | 1030 | 950 |
| 海损理算 | 448 | 300 | 300 | 300 | 300 | 300 |
| 律师事务所 | 621 | 2300 | 2100 | 2200 | 2050 | 2050 |
| 大律师 | — | 200 | 200 | 200 | 200 | 200 |
| 海事仲裁员 | 164 | 100 | 100 | 100 | 100 | 100 |
| 船级社 | 1300 | 1800 | 1700 | 1850 | 1734 | 3000 |
| 出版 | 396 | 800 | 800 | 800 | 750 | 200 |
| 会计师 | — | 500 | 500 | 550 | 550 | 550 |
| 海事组织 | — | 400 | 400 | 450 | 450 | 450 |
| 教育机构 | — | 100 | 100 | 100 | 100 | 100 |
| 其他 | 357 | 200 | — | 200 | 200 | 2400 |
| 总数 | 10318 | 14500 | 13810 | 14200 | 14602 | 17200 |
| 增长率 | | 41% | -5% | 3% | 3% | 18% |

以伦敦高端航运服务产业中的金融服务业为例,传统航运业发展到一定阶段,会对金融行业有更多的需求。金融和航运是相伴而生的,金融服务发展源于航运业的需求,航运发展离不开金融的支持。为了满足航运对金融服务的需要,融资、结算、兑换等各类金融服务

开始在伦敦集聚,作为英镑的重要结算场所,伦敦的金融地位也与日俱增。

以市场交易为主要特点的伦敦模式得益于和伦敦金融服务业的相互促进。为航运业提供金融服务的包括国际商业银行、投资银行等,伦敦被誉为航运金融和其他活动如租赁等的创新中心。劳氏航运经济学家曾指出汉堡在传统的船舶租赁和私人股本方面是领先的中心,而纽约在航运的巩固股本金融方面有很强的实力,但是所有这些服务都能在伦敦得到。从图 2-3 可以看到,伦敦金融服务的核心是证券买卖和场外交易,主要由波罗的海航运交易所的航运市场、伦敦劳合社保险市场和证券交易三部分组成。伦敦的船舶经纪、船舶融资、海上保险等与保险市场、证券交易市场、银行业等关系密切。虽然在伦敦的现代航运服务业中,就业于银行的只有 400 人,所占比例很小,但航运金融方面,伦敦的商业银行提供 490 亿美元的借贷,占了全球 18% 的份额。伦敦发达的航运服务集群也得益于作为船舶经纪市场信息来源地波罗的海交易所的存在。金融与航运、贸易的耦合与相互促进,共同造就了伦敦现代航运服务业的繁荣。

英国具有悠久的航海历史,也是工业革命的发源地。其工业革命时期大量工业品的运出和原材料的运入都是通过伦敦港口完成的,这为伦敦成为全球国际商业和贸易中心奠定了基础,直到 20 世纪初,伦敦港口的货物吞吐量仍然是全球第一位。随着 1744 年波罗的海航运交易所的创立,1823 年波罗的海俱乐部成立;1900 年波罗的海俱乐部与伦敦航运交易所合并。1871 年英国议会专门通过了一个法案,批准劳合社成为一个保险社团组织,1991 年解除了该组织只能限于经营海上保险业务的条款。这些航运交易、海上保险的巨头都拥有数百年的历史,在漫长的发展过程中,逐渐形成对全球航运资源的垄断和配置,为伦敦发展高端航运服务、形成航运服务集群打下了基础。因此,伦敦的现代航运服务业的发展模式成为典范,正是因为具有全球航运资源的垄断和配置能力,使得伦敦在 20 世纪 40 年代后在实体货物吞吐量不断下降的情况下,仍然在长时间内维持着全球航运中心的地位。

此外,“国际航运上海论坛 2010”最新数据显示,565 家外资商业银行,将近 400 名从事航运融资业务方面的专业人员,全球总融资额 20% ~30% 的船舶融资等构建了伦敦的金融航运区域。同时,伦敦船险和货险占全球份额的 23%。著名的伦敦劳氏保险市场为保险公司提供场所、品牌和服务,现有公司会员 800 家,个人会员 15000 名。再者,1744 年成立于伦敦的波罗的海航运交易所是全球唯一实行自我监管的航运交易所。设在伦敦的 460 家船舶经纪公司在油运、干散货和二手船市场占据 30% ~50% 的份额。伦敦还是全球最重要的船舶买卖市场。航运金融衍生品起源于伦敦,伦敦在干散货衍生品市场占据 80% 的份额,在油运市场占据 65% ~70% 的份额。

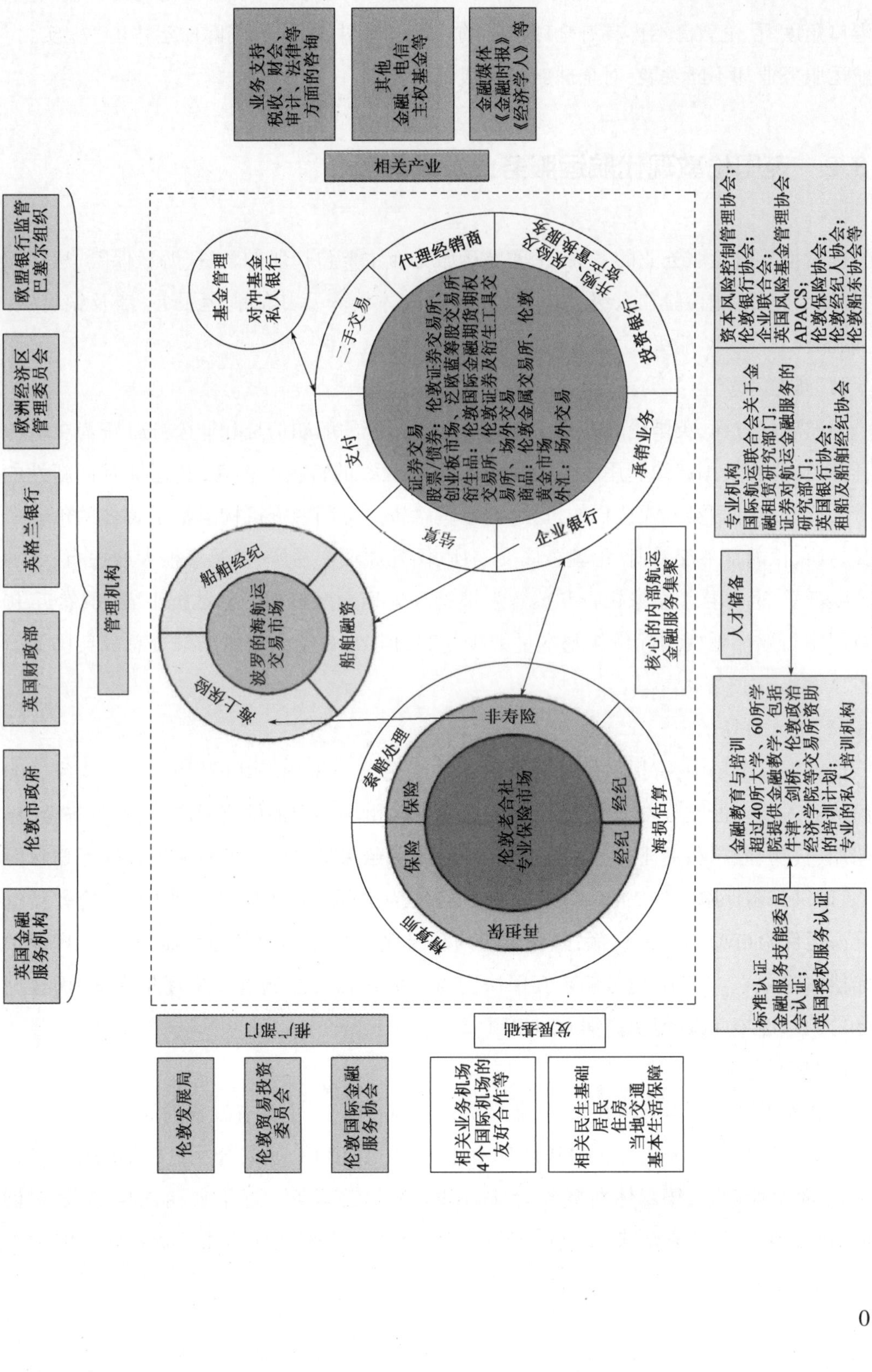


图2-3　伦敦航运金融服务集聚结构

显然,上述数据不仅见证了伦敦航运服务业的巨大发展,还体现了伦敦国际航运中心的完美转型。尽管全球经济重心的转移以及船舶的大型化和集装箱化趋势日益明显,从港口角度看,伦敦已不再具有全球级别的功能和条件,但作为国际航运中心“软实力”的航运服务业却不断发展,对全球航运形成绝对控制。

### 2.3.2 英国伦敦现代航运服务业发展优势

作为世界航运服务业的龙头,伦敦航运服务业主要包括船舶融资、海运保险、法律服务、船舶经纪、船舶检验和入级、航运服务专业人才培养及其他航运服务,涉及银行、保险、船舶经纪、法律、船级社、教育机构等,范围广泛。

(1)船舶融资

船舶融资方面,英国伦敦兼具了德国汉堡以传统的船舶信贷和非公开融资为主的方式,同时又具有美国纽约利用股票市场进行公开融资的特色。再者,其还拥有创新性的融资结构和多种融资方式选择的机会,如租赁融资。英国融资机构囊括了著名的伦敦股票交易所、伦敦证券交易所、伦敦金属交易所、国际原油交易所,以及摩根大通银行、美林公司欧洲总部、苏格兰皇家银行和德意志银行等大型金融机构。从数据上看,虽然近10年英国银行船舶融资国际份额基本呈减少趋势,但2008年全球船舶融资总额英国银行所占比例仍占13%。

(2)海运保险

伦敦保险市场中,有提供中介服务的船舶经纪公司30家,海损理赔公司34家,300专门从业人员。伦敦劳埃德保险社、保险与再保险市场协会提供范围广泛、种类齐全,涵盖船舶、货物、能源和责任的各种海上保险;伦敦保赔保险协会是世界上最大的保赔保险中心,提供保赔保险。从2008年的情况来看,作为国际海运保险的主要中心,伦敦占据国际海运保险市场17%的份额,领先于纽约和汉堡。此外,伦敦是世界最大的管理保护和赔偿保险中心。其中,伦敦船东互保协会直接海运保费总额近年来逐年递增,而全球市场份额却逐年递减,但仍高居60%以上。

(3)船舶经纪

伦敦船舶经纪公司有400家,从业人员达到5000人。主要有波罗的海航运交易所、英国艾斯盟船舶有限公司、AFMAR船舶有限公司、AGELEF船务公司、艾伯塔船务经纪商、阿尔蒂马船舶、安德森休斯事务所、Fairwind航运公司等。近年来,船舶经纪公司创造的净出口收入呈增长趋势。伦敦船舶经纪人承担了实现全球船舶和货物匹配的关键角色,10 年来占据了油船租赁市场50% 和干散货船租赁市场30% ~40% 的份额,参与买卖世界上超过一半吨位的新船和二手船舶。

(4)法律服务

英国法在航运法律上的完整和发达状态令英国法律比其他任何国家的法律被更广泛地被用于解决航运纠纷。此外,英国法律人才齐整甚至达到供大于求的状态,这使伦敦顺理成章地成为了全球领先的国际海事法律服务中心。航运部门的法律服务通常涉及租船、造船、金融、商品、能源、保险、货物、碰撞、救助、共同海损和污染等,解决争议的方式灵活多样,如通过伦敦国际仲裁院、国际海事组织、海航协会或各种私人形式等。

(5)船舶检验和入级

船级社主要工作是船舶检验和入级。总部设在伦敦的英国劳氏船级社是最古老的船级社之一,其在邮轮、液化天然气船、油船、化学品船、散货船、滚装货船和集装箱船等方面都非常突出。近年来,其年检验和入级的总吨位均位居世界船队前列,将近总份额的 20%。

(6)专业人才培养

伦敦重视航运服务业专业人才的培养,许多大学设有与航运教育有关的设计、工程、科学与经济学方面的课程。伦敦城市大学的卡斯商业学校和伦敦都会大学设置国际航运商业课程,直接支持航运业和城市航运服务的发展。此外,伦敦还设置了一些船员培训机构。

(7)其他航运服务

伦敦其他航运服务还包括货运衍生贸易、会计与管理咨询服务、出版服务、研究与活动服务、技术和工程咨询服务等。

### 2.3.3 英国伦敦现代航运服务业发展启示

作为现代航运服务积聚的典范,伦敦以多年来的航运服务实践为积淀,凭借其独一无二的海事服务网罗了遍布全球的对象,为国际航运界提供包括融资、保险、经纪、法律、会计、检验、教育和出版等在内广泛的商业服务,创造了比传统港口业更大的收益,在国际市场上具有举足轻重的作用。在伦敦航运服务业发展成功的背后,带给我们如下启示:

(1)政府重视政策、制度、环境建设,张弛有度

英国政府对航运服务业发展采取的“积极不干预”政策让市场规律和行业自律发挥着作用。英国政府也会适时出台优惠政策,例如吨税政策为英国吸引了大批船舶,同时也吸引了大量船公司入驻伦敦。正是伦敦政府这种开放的态度,增强了航运服务市场的

竞争,扩大了买方选择范围,从而促进了伦敦航运服务业的发展。

(2)注重航运服务集聚区的建设,提升航运服务功能

航运服务集聚区的形成极大地促进了伦敦航运服务业的发展。其经验告诉我们,提升航运服务功能是保持航运中心竞争力的核心。从伦敦航运服务业发展进程来看,起初依靠波罗的海航运交易所,在市中心城区建设航运服务软环境,注重航运服务集聚区建设。如今,伦敦航运服务业不仅功能齐全、服务周到、供应网错综交织、辅助设施完善,众多公司、专业化供应商和服务提供商等还集聚一地,提供了世界一流的航运服务。

(3)大力发展高端航运服务业,尤其是航运金融保险业

伦敦的航运服务业主要集中在高附加值的金融服务、海上保险和航运咨询服务等高端航运服务产业上。此外,金融中心和航运中心相伴而生,航运中心发展离不开金融的支持。伦敦依托其远远超过其他国际金融中心的外国商业银行数量,同时作为全球最大的外汇交易市场、场外金融衍生交易市场、国际保险市场和主要的再保险全球中心以及全球第二大期货与期权交易市场,十分注重其航运金融保险业。航运金融有助于解决航运公司和港口的资金困境,充分发挥其在航运投资、融资、结算和海上保险中的作用。规模化的航运高端服务业赋予了伦敦国际航运中心极强的国际竞争力。

(4)海事法律体系完备,遵守国际规则

伦敦作为世界国际海事法律服务中心,英国法广泛应用于全球航运领域,英国商业法庭和职业律师在航运业界享有很高的地位和声望。以伦敦海事仲裁制度的建立及其仲裁法的制定和修改为例,其具有两个特点:一是始终考虑如何吸引外国人到伦敦仲裁;二是注意国际航运游戏规则的制定,从而在根本上保障了自身的权益。正是伦敦完善的海事法律体系为其航运业的发展创造了一个优越的环境。

(5)储备高素质航运人才,确保航运服务业持续发展

伦敦拥有完善的航运高等教育和专业培训体系,营造了良好的人才培养环境,不同层次航运从业者达14000多人,为世界各地提供品质优、专业硬的航运服务。高素质航运专业人才确保航运服务业高效快速地发展。

## 2.4 荷兰鹿特丹现代航运服务业发展

鹿特丹作为荷兰的第二大港口城市,位于莱茵河与马斯河汇合处,新马斯河两岸。鹿特丹港作为通往西北欧的门户,是欧洲目前最大的海港,其地理位置非常优越。无论

是水果到汽车，还是成品电脑到化工原料，都通过鹿特丹港进入欧洲，因此鹿特丹港也被誉为“欧洲之门”。鹿特丹港拥有良好的公路、铁路和内陆航运配套设施，可以服务于短程、滚装等集散运输。正是因为鹿特丹港得天独厚的地理位置，使得它成为欧洲地区一个非常重要的中转集散港口。

### 2.4.1　荷兰鹿特丹现代航运服务业发展概述

鹿特丹通过提供各种海事服务为船东和航运公司的从事经营营造了良好的运作环境，如拖航服务、通信服务人员、引航服务、船舶修理船坞、海事装备供应、检验和检查、生活用品供应、维修、废物处理、船员交接等。鹿特丹港也是世界第二大油船港，这使得其每年能够吸引越来越多的油船，可保障有吸引力的价格的燃油产品的供应。海事服务企业在鹿特丹提供服务时具有选择不同营业地点的自由，可以是在市区、港口地区或大鹿特丹地区。另外，人才和技术储备也是鹿特丹吸引海事服务企业的优势，如船舶管理、船舶租赁、船舶经纪等方面的人才较为集中。

通过鹿特丹港，可以向葡萄牙、西班牙、斯堪的纳维亚半岛国家及波罗的海地区国家提供货物运输，也可向英国、爱尔兰、俄罗斯等国家提供货物运输。同时，鹿特丹港提供了比较充足的服务时间：每年有 31000 艘海船和 133000 艘内河船挂靠鹿特丹港，500 多条班轮航线连接世界 1000 多个港口，这使鹿特丹港成为船舶建造、修理和其他海事服务理想地点。

鹿特丹港的转运货物以原油、石油产品、谷物为主。其液体散货占货物总量的 45.9%，集装箱吞吐量每年也保持了比较稳定的增长。目前，鹿特丹港的集装箱吞吐量位居世界第 6 位，紧随迪拜港和釜山港。同时与香港、上海和深圳等亚洲重要港口都有着密切的业务往来，它借着 2015 年上海港集装箱吞吐量超过新加坡港的契机，进一步加强同中国港口的合作。

在港口服务质量方面，鹿特丹港一直走在世界的前列。世界银行报告宣称，全球大部分承运人和托运人对鹿特丹港的评价非常高，认为其港口物流服务质量在众多国际港口中具有很明显的优势。它在物流业绩指标上排在新加坡之后，位居世界第二；在港口报关和国际货运等其他方面位居世界第一。

在物流运输方式上，鹿特丹港可以进行完整的多式联运，包括使用铁路、公路、内河航运、管道等集散运输方式。

集装箱方面，鹿特丹港到东北亚地区的集装箱增长量很大，到 2006 年就超过 2500

万标准箱。一直以来，鹿特丹港的业务量增长比较稳定，2008—2012 年之间就有超过 10000 标准箱的订单，超过 13000 标准箱的订单有 50 个。增长迅速的短期集装箱运输订单主要集中在内陆运输方面，从而给公路运输带来了巨大的压力。如果鹿特丹港想要继续保持其发展优势，那么它就需要从几个方面进行改进，如在深水港入口进行短途接入，码头操作系统优化以及大容量、高频率港口网络改造建设等；港口供应链效率也要进一步提高，最好外包给第三方公司来建立港区和基础设施的管理系统；外贸的保税通关手续应该更简化、更高效，以及相应的持续、可行的投资计划，以保证资金供给。

在内河航运方面，鹿特丹港在短接驳船的数量上也会相应增长。可以看到，鹿特丹港的驳船班次是 120 次/周，其中往来于比利时的就有 70 次；内陆驳船为 180 次/周，通过莱茵河向德国、瑞士和法国运输。驳船作为集装箱转运运输的主要交通工具，可以借助鹿特丹港这条内河航运的最佳转运途径，利用内河同深水码头的连接来减少高速公路和铁路的压力。而相邻的驳船中转站可以进一步提高运输效率，增加每日的驳船往返量，从而实现鹿特丹港的货物向内陆港口的迅速转运，进一步提升码头经营能力。

2013—2030 年期间，鹿特丹港将在现有公路系统的基础上扩大规模，增幅达 1 倍以上，从而使到德国陆路运输货运量达到现在的 2 倍。另外，在内陆设施补给方面，鹿特丹港正在致力于同欧洲目的地、转运站之间服务站的全面建设。

鹿特丹港的稳步发展依赖于多方面的投资，尤其是在准备筹建的，如 LNG（液化天然气）、石油化工产品等危险品作业区，都需要大量的投资资金跟进。2007 年，鹿特丹港的投资达到 2.35 亿欧元。根据 2013 年的预计，未来六年中，港口发展将需要超过 100 亿欧元的投资，其中，马斯弗莱克特扩建计划至少需要 26 亿欧元。

政府投资只是占其中的一部分，更主要的还是来自 45 家公司投资的 50 ~ 60 亿欧元的项目资金。其中，政府投资中 75% 是作为商用投资，集中在客户专用项目上，如码头、办公设施等，其余资金用在公共设施建设上，如等待区、道路系统、引航设施等。随着马斯弗莱克特二期扩建工程的展开，对投资的需求将趋于旺盛，鹿特丹市港口管理局将在港口投资上进一步加强同各家公司的合作。目前，中国海运（China Shipping Company）、中国远洋（COSCO）均希望能够加入鹿特丹 Euromax 码头及马斯弗莱克特二期开发当中。

在实施新的“港口规划 2020”项目之后，鹿特丹港的货量在 2020 年达到 4.6 亿吨。随着技术的发展和港口集散、运输技术的改进，鹿特丹港到 2026 年的码头运力总值将达到 3400 万标准箱。

此外，鹿特丹港在 2013 年全面实现了基础设施的模式转换的计划，将目前占 70% 的直接内陆运输通过鹿特丹港向欧洲其他地点转移。首先必须实现内陆基础设施的转换，引入更多的高速公路，因为当时(2012 年)道路状况已经不能满足运输的需要，经常会出现道路拥塞的情况，而且环境方面需要进一步的改进。除了通过公路基础设施以外，总运输量的 22% 需要通过铁路向欧洲其他地区运输。2012 年底，鹿特丹港的公路运输占总运输量的 55%，模式转变之后，公路运输将减少到 35%，但即使从 55% 减少至 2030 年的 35%，鹿特丹港仍然会面临很大的压力。除此之外，鹿特丹港将在 2030 年实现单次运输量翻番。因此，鹿特丹港计划能够到 2030 年实现 65% 以上的运输方式转换，例如转换为通过铁路进行运输。鹿特丹港位于荷兰的东部，直接连接东欧等国、德国、意大利和法国。它可以实现向欧洲内陆地区大部分目的地的转运。鹿特丹每周都会向周边地区固定发出一定数量的列车，随着货量的逐年增长，每周从鹿特丹开往十个国家的列车数量将会迅速增加，并且目的地也将会更加深入到欧洲的腹地。

### 2.4.2 荷兰鹿特丹现代航运服务业的发展优势

鹿特丹作为欧洲重要的门户，其发展优势来自对信息化发展的重视、港口管理体制以及相关政策的实施。

鹿特丹港在信息化发展是随着港口业务而逐步升级的，总的来看，鹿特丹港有清晰的基于供应链的物流领域信息建设思路，将独立的系统和物流解决方案当作一个整体来规划、运作；信息化发展满足战略要求、实现业务需求和响应趋势导向三个维度进行物流信息系统建设；其港口全链条的物流信息系统设置，业务操作、信息沟通等多角度、漏斗式满足客户需求；通过先建立物流运作系统提高物流管理和操作水准，再进行价值链协同实现信息互通，进而从地理上拓展建设物流信息系统，实现管理和业务、内部和外部的有效平衡；统一港口社区系统平台，深度参与区域物流信息一体化建设，掌握信息交互的主动权，实现信息时效、灵活、可用、安全、可维护等。

从其发展历程来看，鹿特丹港 1984 年开始就有多式联运系统，不过早期的只关注港口内，20 世纪 90 年代初期逐渐发展成为第一代的物流系统，基于多式联运物流的概念，其作为独立的物流系统一直到 1994 年。该系统在历史上获得巨大的成功；1995 年，在荷兰运输工人工会的同意下，港口开发支持码头自动化运行的物流系统(RIL)，分 7 个模块，这个系统与当时的港口内部很多系统(如港口社区系统)有接口；早在 1994 年，60% 以上与船运企业的信息通信就已经开始通过电子数据交换(EDI)来实现。1996 年，荷兰海关的电子放关数据正式通过 EDI 与港口开始联动。1996 年，延伸到物流链的 EDI

平台开始运营,当年就有70%的业务数据通过EDI平台进行传输。鹿特丹市港口管理局1997年对有关危险货物在港口管理局的电子申报系统进行改进,将其改进为一个国际标准化的电子申报系统。此外,鹿特丹港务局要求在船舶上使用更多的电子信息报文,并把抵港及离港信息与码头的费率关联;1997—1998年间,鹿特丹港开始建设名为RODOS的信息系统,这个项目主体是鹿特丹港内EDI建设,但涉及的物流链的EDI标志着鹿特丹港开始关注港外物流链。该系统提供码头装卸方、货主和货代、物流公司与海关电子信息交换数据的信息化支持。RODOS信息系统于1998年正式上线;1998年,结合EDI,配套荷兰铁路公司(NS)的集装箱运输系统联动信息系统项目建设启动,当时的目的是支持已经运营的两条火车班列,这两条火车班列分别在:鹿特丹和杜伊斯堡之间、鹿特丹和多特蒙德之间。该信息系统不仅支持火车班列的运行,而且与铁路系统(RSCS)交换信息,与拖车系统(MTS)有接口,与ETT(外部海关和欧洲配送中心的货运流量)的调度有接口,并且有模块:不仅管理外部卡车司机为铁路联运服务,同时也有冷链运输管理(如Reefercare);同期还上线了一些小系统,如:客户关系的系统;2000年开始进行的INFOLINK社区的建设,开始考虑一体化各项物流资源。目前,正在开发的是高效的欧洲货物联运系统(除了原来的荷兰、德国区域外,重点关注法国和比利时客户)。

值得注意的是,鹿特丹港在港口社区系统上采取的关键举措:第一代港口社区系统:鹿特丹在第一代港口社区系统上起步早,有一批有经验的用户。在20世纪90年代,鹿特丹港就在最早的社区系统港口社区系统基础上,将码头系统与物流系统结合,将运输网络相关的消息进行交换,但进展阻力大。退而求其次,鹿特丹港将多个相关系统作为一个整体进行规划、运作,但无智能系统,附加值有限,在全供应链的信息交换上没有特别的进展。

第二代港口社区系统:安特卫普港口最早开始做第二代含有中央数据库的智能化社区系统。借鉴德国汉堡港,基于用户对港口社区系统强劲的需求,鹿特丹港在2000年开始讨论可能的解决方案,并在2002年8月正式建设PORT INFOLINK。PORT INFOLINK重点关注集装箱、液态化学品两个细分市场,用户可以免费进行使用。欧洲国家尤其是莱茵河、多瑙河沿线的欧盟成员国纷纷建立了本国或本区域的内河航运。但随着跨国、跨区域运输的快速发展,存在着不同规模、不同体系的航运信息系统的弊端不断呈现。

为此,欧盟提出构建统一的内河航运综合信息服务系统,1996年立项,2004—2006年建设完成欧盟内河一体化系统。目前鹿特丹多式联运的集装箱、滚装用物流系统进行管理。鹿特丹港是最早代表荷兰开发船舶报关信息系统的港口,其在欧盟内河服务平台中负责搭建核心系统内河航运综合信息服务协同平台(COMPRIS)。2011年,这个平台每月有4000个独立IP访问。此外,鹿特丹港的港口数据中心会提供数据到欧盟内河信息发布平台。

在港口管理体制方面，鹿特丹市港口管理局是鹿特丹市政府的一个部门，它向市长和市政委员会报告工作。国家和市政府共同参与的港口管理局董事会由5人组成，其中执行董事并兼任港务局总裁1人，副总裁3人，港务监督1人（直接向政府负责）。

鹿特丹港因港口面积比较大，不仅对岸线拥有所有权，而且对港区后方大范围的临港陆域土地也拥有开发建设权和管理权。鹿特丹港口主管部门拥有对临港陆域的统一开发管理权，从而使港口邻近区域的产业与港口发展相协调，使港口发展与临港产业之间产生良性互动，从而促进港口与城市经济的良性互动发展。同时，在“港城互动发展”模式下，鹿特丹港口管理局拥有对港区后方土地的所有权和可以开发建设权，可以使港口集疏运设施与港口统一建设，从而可以优化集疏运体系。并且，鹿特丹港采用“地主港”模式，其港口收入主要来自于租金，但是租金的来源不仅局限于港口设施和岸线出租的租金，而且包含与城市经济密切相关的铁路、高速公路、桥梁等各种基础设施的租金，及其他产业的收入。例如，若鹿特丹港的海港业务存在亏损，可通过其他的业务部门盈利来填补亏空。

事实证明，鹿特丹港采用“地主港”模式更能提高效率，港口经营者可以摆脱政治和官僚作风的约束，树立以企业经营为宗旨的经营战略，能形成相对自由的业务环境，对用户的需求反应快捷、服务周到，为港口基础设施快速适应港口业务的需求变化提供了机会。而政府减轻了财政负担，减少了顾虑，可以把重点放在搞好港口的总体规划、实施港口法规上面，保证港口的作业安全。政府不仅投入较少，还可避免原来每年对企业的补贴和其他负担。此外，企业参与港口基础设施及服务能带来新的资金来源，也带来了风险公摊的机会。

在政策实施方面，鹿特丹港拥有完善的海关设施、优惠的税收政策，保税仓库区域内企业在海关允许下可进行任何层次加工。对集装箱货物的仓储和配送来说，坐落在港区和各个工业区内的物流配送基地可以为其提供最完善的各种增值服务。就通关方式而言，海关可以提供24小时通关服务（周日除外），企业可以先存储后报关、以公司账册进行管理以及用存货数据取代海关查验，企业可以选择适合的通关程序，运作十分便利。此外，荷兰提高港口效率的重要举措是设立专责机构。例如，荷兰国际配销委员会与其他政府部门相互合作，为国外业主提供全方位的服务，以吸引更多厂商到荷兰成立国际配销中心。

荷兰在制定全国性的自由贸易政策时，对于进入荷兰的保税转口货物并非仅局限在特定区域内，并非仅执行单纯的转口功能。荷兰海关设计出具有相当弹性的保税仓储与运输制度，在全国范围内，将保税仓库与保税运输系统连成一个整体性的保税网络，以增加全国各地物流企业的营运活动机会，提升国家总体经济能力。鹿特丹市在 1998 年发布的研究报告认为，自由港在简化手续和提高效率方面的优势是十分明显的，在不适合建立自由港的地区，也应当借鉴其自由便利的精神，以先进的自动化技术和信息技术手段来提高运行效率。最近，鹿特丹市又在机场北侧建立了一个叫作自由区Ⅱ型的集中封闭保税区域。

### 2.4.3 荷兰鹿特丹现代航运服务业发展的启示

鹿特丹拥有世界上最重要的货物处理港口，港口工业发展迅速，已形成物流链。港口工业已成为鹿特丹港经济的重要组成部分，约有 50% 的国民经济生产总值增加值来自港口工业。作为第三代港口发展的典范，鹿特丹确有很多值得我们学习借鉴的地方：

(1)统一规划及建设

随着港城逐步融合，鹿特丹市政府统一规划、建设和管理，企业自主经营。港区基础设施归鹿特丹市政府所有，鹿特丹市港口管理局对港区内的土地、码头、航道和其他设施统一开发，建设港口和工业园区，实施高效、安全、便捷的船务运输管理。鹿特丹市港口管理局以租赁的方式将港口交由私营企业经营，企业只需投资码头上部的机械设备、库场和其他配套设施。在此基础上，港口不断齐全配套设施，提供储、运、销一条龙服务。鹿特丹港配套设施完备，码头、堆场、仓库、道路、环保设施、支持保障系统非常完善；管理设备和操作手段高度现代化，如 EDI 服务系统除了传统的信息传送外，其子系统“INTIS”已成功实现电子商务应用；鹿特丹港通过一些保税仓库和货物分拨中心进行储运和再加工，提高货物的附加值，然后通过公路、铁路、河道、空运、海运等多种运输路线将货物送到荷兰等欧洲的目的地。

(2)发达的临港产业

在鹿特丹周边，集聚大量专业分工的产业群，使其不仅是转运港，也是一个巨大的工业综合体。大量跨国公司在此设立它们最重要的或是在欧洲唯一的工业联合体，在这里它们为整个欧洲甚至全世界生产工业品。鹿特丹市炼油、化工、造船等工业主要是依托鹿特丹港而发展起来的，主要分布于新水道沿岸，拥有一条以炼油、石油化工、船舶修造、港口机械、食品等工业为主的临海沿河工业带(即临港工业区)。临海沿河工业带的化学品和石油化学工业尤其值得关注。石化工业租用 52 平方公里的港口工业区中的 60%，拥有 BP/Texaco、Esso、Kuwait Petroleum、Shell 和 Koch 5 个公司的大型炼油厂，年原油加工能力8500万吨以上,是世界最大的炼油和石油化工中心之一(世界三大炼油中心之一)。临港工业区内的化工厂原材料主要依靠5个炼油厂提供。鹿特丹的地理位置使其成为欧洲的主要化学品港口,每年大约有1亿多吨原油海运至鹿特丹,一部分供给炼油厂,其余的通过海运、空运、管道运输至欧洲其他地区。

(3)高效的物流网络

鹿特丹的物流运输网络由各个深水货运码头、几百家物流服务公司和便利的腹地连接网络组成。这个网络使它可以在24小时之内,将各类货物运抵超过3.5亿的欧洲客户手中或各主要工业区。此外,鹿特丹还可以为所有类型和规模的货物提供订制化的运输服务。在大鹿特丹地区,既可以拥有自己的物流运输队伍,也可以从众多专业化的服务商之中选择合适的公司来帮助企业设计解决物流配送问题。对于集装箱化货物的仓储和配送来说,坐落在鹿特丹港区和各个工业区内的三大物流配送基地,可以为其提供最完善的各种增值服务。这里集中了所有仓储配送服务所必需的设施和技术,从而为企业节约了大量的时间成本和运输成本。

## 2.5　比利时安特卫普现代航运服务业发展

比利时安特卫普的现代航运服务业发展依托于其良好的基础设施条件和高效的物流作业效率,其逐步成为了欧洲地区的现代航运服务业集聚区之一。其特点体现在以货物运输、加工、包装、展示等一系列围绕供应链而发展成为服务业集群,为航运和港口提供重要的保障。

### 2.5.1　比利时安特卫普现代航运服务业发展概述

安特卫普位于比利时北部斯海尔德河下游,距北海约80公里处,港区面积130.55平方公里,可靠泊码头岸线总长度达160公里,是欧洲第二大港,港口接近于欧洲主要生产和消费中心,其吞吐量的50%左右为转口贸易,是欧洲汽车、纸张、新鲜水果等产品的分拨中心,其大部分运输量为国际运输。

几个世纪以来,安特卫普港一直是重要的世界级港口,首先,安特卫普港是欧洲最中心的海港。远洋船舶可以运送货物到达80公里的内陆,抵达欧洲的心脏。这意味着通过安特卫普港抵达欧洲客户和工厂的运输方式不仅快捷便宜,而且还很环保。这意味着较少的公路运输,对于很多厂家是一个重要的考虑因素。对于许多欧洲企业而言,安特卫普港是连接其他大陆的纽带,通向欧洲的门户。安特卫普港在世界各地有500多个直达目的地。每周有不少于300艘船舶挂靠,同时,通过铁路、公路、驳船和管道运输服务使得产品可有效而及时地抵达目的地。

目前,安特卫普继续加大对港口装卸设备的技术改造投资,尽可能高效地装卸货物。港口拥有全自动化仓库,一些码头有无人驾驶桥吊来装卸集装箱。另外一个优势是拥有全天候码头。在一个巨大的屋檐下,任何天气条件下都可以装卸货物。在此基础上,安特卫普港拥有强大的处理能力,而且由于港口拥有大量固定产业(石化),和其所处的西欧工业中心的地理位置,因而安特卫普具有稳定且快速增长的基本货源。这些货源是洲际航运企业选择安特卫普港的重要原因。安特卫普港可卸下尽可能多的货物,并有足够的"回头货"货源。同时,安特卫普港的优势之一是港口内同时设有转运企业、工业企业和物流企业,且企业之间相互紧密合作。由于这些公司的存在,港口不仅有大量的货物来源,而且不同公司的服务也可互为补充。

综上所述,安特卫普的现代航运服务业优势集中在辅助层,涉及船舶代理、船舶管理等一系列传统航运服务业在发展规模、服务水平等方面略胜一筹。

### 2.5.2 比利时安特卫普现代航运服务业的发展优势

从发展来看,安特卫普现代航运服务业发展优势主要体现在以下方面:

围绕安特卫普港周边有大量的临港产业集聚,主要为化工和钢铁等产业,通过在港区加工、仓储等作业环节后,再经各种集疏运方式运往欧洲的不同地区。

(1)化工产业集聚

安特卫普港能够为种类繁多的化学产品提供极具竞争力的集散地点。多年处理塑料及液态化学产品的专业技术与强大的储存能力、大量增值服务相得益彰。除了物流优势,安特卫普还为世界种类最多的化学产业群内的化工企业在能源、废料及产品管理领域提供大量增效优势。安特卫普港是欧洲最大的化工群,是世界上多样化水平较高的港口。

在安特卫普港,贯穿整个化工产业价值链的参与者呈高度整合及多样化特点,这在世界上是独一无二的。多家欧洲化工企业在此均有布局,如图2-4所示。港口、工业和配送同时并进。安特卫普港的四个精炼厂和四个蒸汽裂化厂稳定供应本地原材料,港口也保证通过航运、铁路、驳船和管道可靠地供应原材料。化工企业之间以及化工企业和物流公司之间的密切合作,化工产品得以高能效地生产以及富有成本效益地完成处理。安特卫普作为欧洲的液体化工品配送中心和领先的石油产品、化工品贸易中心而闻名于世。14个码头提供了550多万立方米的存储能力,储罐体积从3万~5万立方米不等。包括各种完全适合产品需求的储罐:低碳钢储罐,有涂层或无涂层、不锈钢储罐和加热的或冷藏储罐。除了存储设施外,码头还提供各种各样的增值服务:装桶和存储、中等散装货集装箱、ISO储罐集装箱、产品加热和搅拌。北欧化工继续投资尖端设备,确保按照最严格的SHEQ(安全、健康、环境、质量)规定,以最安全、最优质和最环保的方式处理产品。

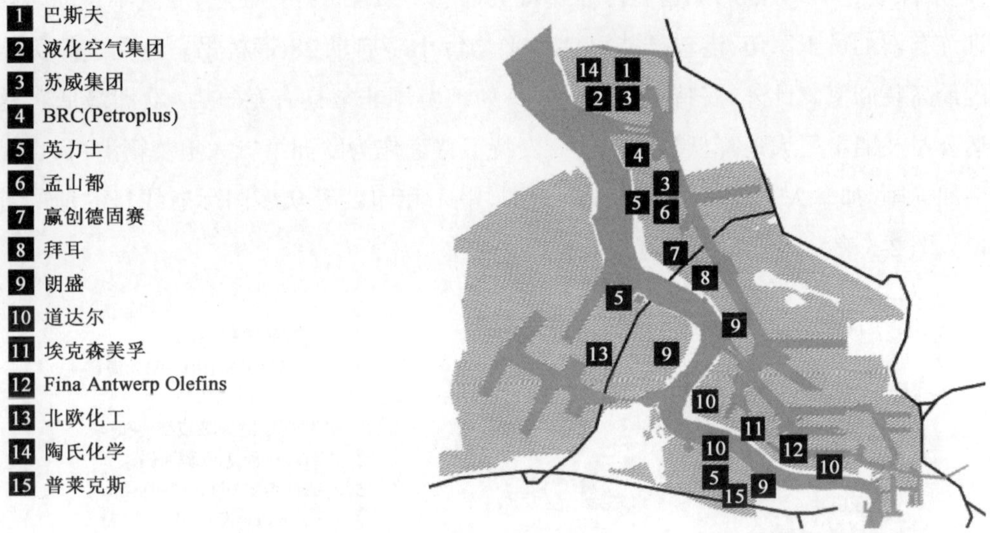


图2-4　在安特卫普港周围的化工企业

在钢铁产业集聚方面,安特卫普港是欧洲主要的钢铁港。港口优越的运输通道、尖端的基础设施、诸多增值活动和技术娴熟的工人,都确保了谨慎而可靠地处理安特卫普所有钢铁货物。所有大型钢铁生产者都通过安特卫普港运输货物,如:线材、板材、钢板、长铁条、管材、盘条或有色金属产品。另外,伦敦金属交易所已批准安特卫普港的不同服务提供商除了存储散货等产品,还可以存储锌、铝和铅。此批准意味着可按照相关协议,处理的钢坯与有色金属可以存储在安特卫普港。

安特卫普港处理钢铁产品的总能力超过1000万吨。所有适合各种气候的码头为驳船、卡车和/或火车上的钢铁产品转运提供有篷的装卸设备。俄罗斯一家大型钢铁集团的子公司已开始使用新的钢铁产品存储和配送中心,并配备专门的货物管理者。存储能力达4万平方米,且临近相关公司所建的新服务中心。此服务中心拥有5500平方米的存储能力,配备5辆机械锯床和必要的移动式起重机,以于处理和定制钢铁产品。而在港内的钢材无须第三方运输或处理就能得到进一步的服务。在不同的生产线上,将盘管上的热轧钢卷切成不同尺寸。根据客户要求,将所切的钢材进行包装和贴标签。

(2)不同货种专业化作业

安特卫普拥有良好的基础设施条件,能对集装箱、干散货、液体散货及滚装等不同货物,依据其特点、性质进行专业化的作业处理和集疏运。在集装箱方面,由于其高装卸率、低成本和可靠的海运服务,安特卫普成为全球供应链中的重要纽带。航运公司可在此获能具有竞争力的无缝服务。每周都有地中海航运、马士基航运和中国远洋的船舶停靠安特卫普港,其容量达10000TEU及以上。由于对斯海尔德河进行疏浚,自2011年起,吃水深度达16米的船舶也能停靠安特卫普港。结合良好集装箱设施、半自动化操作和训练有素的员工队伍,港口产能可达到平均每小时启动38辆桥吊。这是迄今为止欧洲的最高装卸率。此外,安特卫普港的码头处理费用非常具有竞争力(欧洲最低),这为航运公司及船主更大地降低了总成本。安特卫普港作为欧洲第二大集装箱港口,也是通往诸如美国、加拿大、非洲、中美洲和南美洲、中东和印度等众多国际航线目的地的首选港口。图2-5表示了安特卫普港集装箱码头分布。

图2-5 安特卫普港集装箱码头分布示意

在液体散货处理方面,安特卫普港提供了极具竞争力的配送地点,码头分布如图2-6所示。它多年拥有专业的、强大的储存能力以及广泛的增值服务。港口在欧洲的战略位置及其四式联运方式使安特卫普港成为成本低廉、安全可靠的液体散货转运的理想地点。港口拥有欧洲最大、世界种类最多的化工产业群。高水平的协作及差异化为企业提供了独特的增值和提高物流效率的优势。

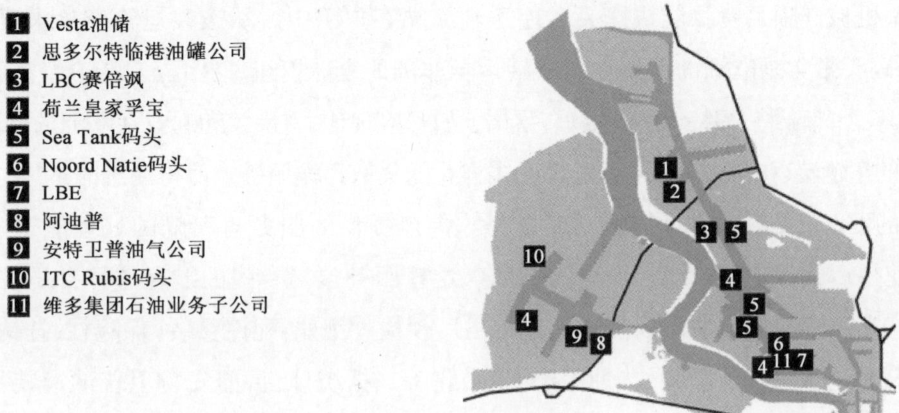


图 2-6　安特卫普港液体散货码头分布示意

注：安特卫普港最大可储存 630 万立方米液体散货

在干散货方面，安特卫普港处理散装货物的范围极为广泛，如图 2-7 所示，从主要大宗产品，如煤和铁矿石，到有色金属精砂、水泥、矿石、化肥和黏土。大规模、高品质的运输能力结合专业的干散货处理，中央位置、优越的腹地连接以及低廉的成本，使得安特卫普港成为运输干散货往返欧洲极具成本效益的最佳选择之一。并且，安特卫普港拥有大量专业的服务提供商，其使用专门的储存和处理技术进行储存、混合、液化、重新包装及运输前准备。安特卫普拥有超过 143 万平方米的开放式及封闭式储存空间，用于储存散装货物，并为干散货提供安全、优质的专门存储。

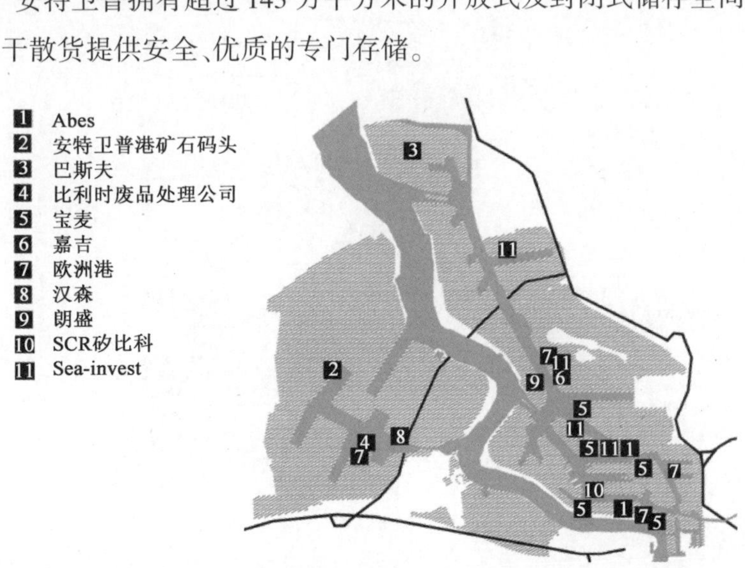


图 2-7　安特卫普港干散货码头分布示意

在滚装作业方面,安特卫普港拥有广阔的滚装船码头,可以运送新车及二手车、机器、重型机械、项目货物以及其他车辆。所有码头采用三式联运通道,这就意味着小汽车、重型机械和项目货物能快捷灵活地送到终端客户手中。从滚装运输贸易来看,这些滚装船码头常常是欧洲的近海枢纽或转运至非洲的全球枢纽。并且,安特卫普港是知名汽车品牌,如菲亚特、福特、欧宝、宝马、雷诺、马自达、现代、雪佛兰和起亚在欧洲的母港。作为欧洲的车辆转运中心,安特卫普港提供多样化的集散运输服务。值得注意的是,安特卫普港提供的不仅仅是对车辆的航运、装卸服务。港口提供的服务对车辆的处理能进一步优化,并使得后续运输至最终客户更为有效。这些服务包括专门的贮存选择,以及汽车处理中心,在汽车交付当地市场前在此进行出厂预检。例如:配件安装(保险杠、挂钩、空调等)、修理、清洗、脱蜡、喷涂、二期生产、热带化等。据统计,目前安特卫普港滚装货物的年转运量380万吨、92万辆汽车,是欧洲第三大车辆运输港、第一大二手汽车出口港口。

在件杂货作业方面,安特卫普港是欧洲地区处理钢铁、工程货物、水果、林产品和汽车的主要港口,长期以来一直提供最为多样化的件杂货运输服务,港口平均每年处理的件杂货数量达1500万吨,港口及其运营商还在继续投资,发展港口的杂货业务。同时,安特卫普港拥有众多的物流公司,为客户提供量身定制的高附加值服务,包括对钢材进行处理和切割的钢铁服务中心,定制和修理汽车的汽车加工中心,以及大量其他针对水果、木材和项目货物的高附加值服务,如供应管理、按单拣货、质量控制、包装及储存服务,为最终用户准备货物,从而大大节省运输及处理成本。安特卫普港件杂货码头分布如图2-8所示。

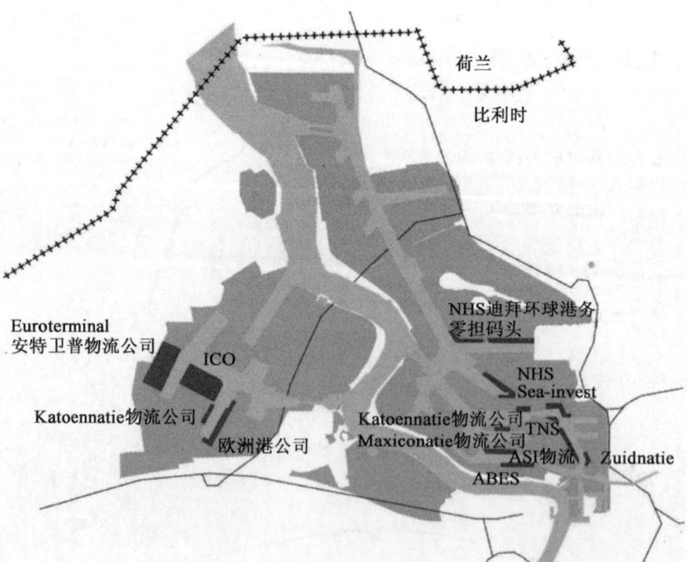


图2-8 安特卫普港件杂货码头分布示意

### 2.5.3 比利时安特卫普现代航运服务业发展的启示

事实上,安特卫普现代航运服务业发展并不像新加坡、中国香港、英国伦敦,通过大力发展高端航运服务业巩固自身发展地位,而是类似于荷兰鹿特丹,围绕港口、航运主业不断优化传统航运服务业的发展水平,因此,其启示也主要体现在如何为传统航运服务业创造良好的发展环境。以下重点分析安特卫普如何建立并逐步完善方便、高效的集疏运系统,以及当地为促进传统航运服务业发展的政府机构及社会团体。

(1)内河集疏运网络

安特卫普港不仅与斯海尔德河连接,也可以沿着其他河流(如阿尔伯特运河、斯海尔德河—莱茵河线路和斯海尔德河—塞纳河线路)运送货物。驳船能同时运送大量货物。例如,大型连锁超市 Colruyt 的货物都是通过驳船运送至在布鲁塞尔的中心中转仓库。货物也可以运到更内陆地区(如列日或赫罗本东克)进行处理。通过大的河流和运河网络,驳船也可以抵达比利时以外的目的地,包括荷兰、德国、奥地利、瑞士和法国。

安特卫普港位于欧洲内河航道网的中心,提供了绝佳的驳船运输机会。每周超过200 班集装箱穿梭驳船往返欧洲 67 个目的地。港口积极支持和开发这种可持续发展和富有成本效益的运输方式。在这方面,关键是通过创新解决方案和服务,有效、迅速处理驳船运输量。为了实现快速、安全和有利生态的货物运输,安特卫普港提供了优良的内河航运解决方案。位于欧洲驳船网络中心的位置,各类商品可无缝转移,从远洋轮船至驳船可靠地运送到最终客户。驳船是可持续的运输模式,可实现长期、大量运输。

安特卫普港连接 1500 公里长的比利时驳船网络。由于其位于斯海尔德河—马斯河—莱茵河三角洲中间的地理优势,比利时驳船网络直接连接到泛欧洲的内河航道网。因此,约有 40% 来往安特卫普港的货运通过驳船运输。

具体到驳船运输系统(BTS)方面,为码头和驳船运营商之间的沟通提供了一个平台,以便码头安排预先发布公告和更严格安排相关操作。目前,该系统只适用于集装箱驳船,实际上,对他们来说这也是强制的。然而,该系统最终将扩展到其他类型的驳船运输。BTS 系统为驳船提供一种简单、灵活和统一的方式来安排停靠码头,以减少等候时间。安特卫普港深处内陆的地理位置意味着驳船转运运输在短时间内可到达欧洲腹地的战略地区。如表 2-3所示,大约 20 小时可抵达鲁尔区(杜伊斯堡),48 小时到达莱茵河中部地区(路德维希港、曼海姆),72 小时可到达瑞士。到达法国北部的运输时间是24 ~ 36小时。这样的无堵塞运输模式不仅快速,而且安全、符合生态要求。从发展前景来看,驳船运输可将安特卫普与欧盟27个成员国相连。驳船运输是具有巨大扩展能力、日益增长的交通运输模式。这不仅涉及扩展至其他国家,而且意味着更新形式和更密集的货物流动。

安特卫普距离周边国家地区的公路里程　表2-3

| 国　家 | 城　市 | 距离(km) |
| --- | --- | --- |
| 奥地利 | 威尔斯 | 920 |
| 瑞士 | 巴塞尔 | 597 |
| 捷克共和国 | 布拉格 | 849 |
| 斯洛伐克 | 科希策 | 1502 |
| 波兰 | 波兹南 | 976 |
| 德国 | 卡尔斯鲁厄 | 481 |
| | 曼海姆 | 433 |
| | 法兰克福 | 396 |
| | 科隆 | 235 |
| | 杜伊斯堡 | 191 |
| | 美因茨 | 388 |
| | 莱比锡 | 642 |
| 意大利 | 米兰 | 935 |
| 法国 | 里昂 | 734 |
| | 巴黎大区 | 348 |
| | 斯特拉斯堡 | 488 |
| | 奥特马塞姆 | 568 |
| | 里尔 | 132 |
| | 沙兰德雷 | 495 |
| | 斯塔德—格林 | 125 |

(2)安特卫普的公路集疏运网络

要为港口、航运提供更为简易便捷的运输支持时,当无法通过驳船或货运列车送到目的地,公路运输必不可少。安特卫普港周围高速公路网络密集,因此极其方便。高速公路直接通至邻国甚至更远的目的地。安特卫普深处内陆约80公里,公路运输距离较短,可减少环境污染和交通堵塞。

通过安特卫普港周围的道路网络,可快速、可靠、灵活地为欧洲客户运送货物。港口地处欧洲公路网络中心位置,是公路运输的集合点,因此可提供广泛的除港口运输外的其他服务。公路运输在安特卫普港及其腹地之间的连接中起着至关重要的作用。数以千计卡车每天在港口区往来，以保证码头、仓库和工业企业之间的高效、快捷运输。目前，安特卫普的中心位置展示了其能够实现有效运输至最终客户的美好前景。港口周围密布广泛的高速公路网络，与比利时的法兰德斯、瓦隆，以及荷兰、德国、法国和欧洲的许多其他国家的工业中心目的地直接相连。

其中，许多公路运输公司成立于安特卫普，并提供一整套高效和先进的服务。高度集中并具灵活性的服务供应商，确保在安特卫普，完全能够满足任何专业、独特的运输要求。除了普通货物运输，也有很多公司专注危险货物运输（ADR）、特大和特殊货物运输、温度控制货物运输等。许多公司不仅提供运输服务，同时提供相关的物流服务，即在可控条件下储存货物，定制货物以适应当地市场需求，综合的门到门物流服务。

而安特卫普港竭力保证港口运输方式的速度、灵活性和可靠性。在卡车到达集装箱码头前通过电子邮件或终端设备预先通知，最大限度地减少卡车在码头的等候时间。由于安特卫普港地处中心位置，周围公路四通发达。安特卫普内和周围的公路运输商为运输至最终客户提供了灵活、可靠的公路运输解决方案。为了确保港口未来的流通性，港务局协同部门的利益相关者共同制定了具有针对性的政策。公路运输的总体规划是这项政策的基础。

对于公路的规划发展，政府投入大量的精力和物力，为了制订总体规划，港务局定期进行市场分析，然后在政策措施和具体行动中应用分析结果。其中包括：在码头的集装箱从哪里来？目的地是哪里？是空箱还是满箱？弄清这些问题可以理清港口通过公路运输来连接腹地的结构和程度。另外，还有港口内和周边的流通性（安特卫普港区流通性研究）。2011 年 9 月，港务局开展了大规模的港口及周边地区公路运输交通量统计。通过此统计，港务局对于直通交通流量和港口相关卡车流量之间比例有了更深入的了解。基于这些前期分析的基础，后续就是监督政策的制定，安特卫普港务局紧跟欧洲、比利时联邦、法兰德斯大区和当地有关公路运输的政策发展。同时，在政府和市场共同努力下，不断优化公路集疏运运营和行政流程。安特卫普港务局鼓励和支持可让港口内部和周围公路运输拥有更高效的运作效率和行政流程的所有举措。通过电子邮件或终端设备预先通知卡车到达集装箱码头是这些举措之一。预先通知的优点是，使码头运营商根据公路运输商的时间表优化安排人员和资源。而对于公路运输商，在码头等候时间也可以减少到最低。同时，政府也做了大量细致具体的工作，包括：关注和维护港口内部和周围的道路网络。采取各种举措，优化港口连接以及港口内部和周围的流通性，从而公路运输商可在最佳条件下提供服务。用于保障连通性和流通性，并使其更有效率的举措主要有三大支柱：效率、基础设施和安全。例如：动态交通管理方面，安特卫普港务局目前正在研究在港区和其通路安装交通动态控制的动态交通标志的可能性。这一切都是为了保证安特卫普港内部和周围的流通性;天然气加气站进驻,港口最近新开了一个压缩天然气加气站,这是比利时第一家加气站,除了配备用于汽车的储罐基础设施,还完全配备用于货物运输的基础设施。在安全方面港口也在不断进行改进,包括隧道安全,港口内部及周边隧道(如 Kennedy 隧道、Beveren 隧道和 Tijsmans 隧道)系统和结构将按照当前标准和国际法规进行调整,也将草拟每个隧道的安全文件、风险分析、应急和干预计划;安全的卡车停车场,港务局正在着手建设一个安全的卡车停车场,该停车场位于港口区战略位置,具有至少 150 个车位的容量。

(3)安特卫普的铁路集疏运网络

安特卫普港区位置处于整个欧洲大铁路网络的中心。铁路网络四通八达,从西班牙到挪威和从希腊到波兰等的铁路均经过该港。每周有大量列车开往 19 个国家的 70 个目的地。安特卫普港的所有码头都与铁路网络连接。货运列车不仅运输集装箱,而且也运送散装货物,如煤、砂和化学品。目前,安特卫普港有铁路直接入港,港口作为欧洲内外主要铁路通道的交接点。由于腹地运输非常关键,服务供应商和安特卫普港务局正为铁路投入巨资,以提高铁路运输组织的灵活性。作为公路运输的一种替代方式,铁路运输具有相对环保和节省能源的特点。

安特卫普是欧洲的第二大铁路港口。每年超过 2400 万吨货物由铁路运输。每天 250 列货运列车运输的货物量约占港口总流量的 12%。港口内的客户可以使用 1055 公里的铁路线道和 26 条铁路专用线。港口的所有泊位都有铁路连接。以集装箱运输为例,过去铁路运输主要服务于运输干散货和液体散货,但在过去几年中,已适用于所有类型的货物运输。集装箱所占比例最高,每周有超过 200 列集装箱穿梭列车前往 70 多个欧洲腹地目的地。港口有 4 个铁路货运码头和 5 个远洋铁路码头。在主要铁路通道的交接点,安特卫普港是欧洲三个主要铁路通道的中心连接点,包括:安特卫普—杜伊斯堡—科隆—巴塞尔—热那亚;安特卫普—卢森堡—里昂/斯特拉斯堡—巴塞尔;安特卫普—杜伊斯堡—波兰—立陶宛三条线路,另外,列车定期从安特卫普港出发前往欧洲以外的目的地,如哈萨克斯坦、韩国和中国。

(4)富有成效的行政管理机构及市场经营主体

2009 年,安特卫普港务局制定了 2009—2013 年的业务规划,规划其未来四年的目标、雄伟蓝图和战略。此业务规划是安特卫普港务局各服务对象的指引方针,确保有组织且始终如一地开展未来工作。四大支柱通过业务规划紧密联系:枢纽港口、高效率港口、支持性港口和可持续性港口。枢纽港口是指发展成为欧洲主要的常规货物港;高效率港口是指对全球航运和物流链进行强有力的连接;支持性港口是指在社会获得广泛的支持;可持续港口是指有利于社会和环境和周围事物。基于这些周期性使命,安特卫普港务局在其业务规划中勾画出其宏伟蓝图。不仅规划了自身的运作,而且把港口在该地区、法兰德斯大区和欧洲所扮演的角色进行了定位。

与此同时,安特卫普港当地还有众多富有成效的行业协会和企业,如斯海尔德河左岸公司,该公司负责斯海尔德河左岸港口区的土地政策和港口区内的工业化政策。它还制定了港区进一步发展和分阶段发展的分区域政策。

目前,斯河尔德河左岸的港口面积大约为7000公顷,已向相关公司授予超过900公顷土地的经营权,创造了大量的就业机会。在2010年底,瓦斯兰港口雇用了14044名员工。斯海尔德河左岸公司的股东分别是Land van Waas市合营企业、安特卫普港务局、贝弗伦、兹韦恩德雷赫特市政当局和法兰德斯大区。

在协会方面,安特卫普港私营企业联合会Alfaport是安特卫普港内的港口相关业务与物流公司的联盟。该组织代表五个行业协会,共有400多名成员。这些公司直接雇用员工超过22000人,而间接雇用人数则更多。并且,在此联合会下,认可的行业协会包括:皇家比利时船东协会(KBRV)、安特卫普航运联合会(ASL)、安特卫普装卸工人协会(ABAS)、安特卫普货运、物流和货运权益协会(VEA)、皇家交通流控制协会(KVBG)。因此,安特卫普港私营企业联合会Alfaport的设立有利于促进本地物流市场环境的良性发展,并成为地方、法兰德斯大区和比利时联邦层面上的战略合作伙伴,共同致力于港口的可持续发展并为企业创建安全、友好的投资环境。另外在当地发挥重要作用的协会是Voka法兰德斯雇主协会,代表了法兰德斯和布鲁塞尔的17000多家公司,约占私营企业65%的就业和法兰德斯66%的工业生产增加值,这些组织通过游说、网络和提供特定的服务来支持业务,并组织其成员企业积极参与各种场合、活动、培训和信息通报会。在此平台上,成员可以交换有关税务资料、职位空缺和环保法规等方面信息。

## 2.6 国际航运中心现代航运服务业发展总体评价

### 2.6.1 航运中心现代航运服务业发展特点比较

通过对比新加坡、英国伦敦、中国香港、荷兰鹿特丹等地的现代航运服务业发展情况,可以发现这些地区在现代航运服务业的发展优势及侧重点各有不同,英国伦敦在航运金融、保险等高端航运服务产业具有非常明显的优势；中国香港主要依托于国际中转港的航运、港口等传统服务的优势；新加坡现代航运服务业注重于代理、登记等辅助层产业以及人才、信息等航运高端服务产业；荷兰鹿特丹在拖轮服务、船舶供应等辅助业以及金融、保险等高端航运服务业方面兼有发展特点及其优势；比利时安特卫普注重围绕航运主业的各种辅助服务业，并为当地创造更多的就业岗位，发挥对经济发展的服务能力。各港口现代航运服务业比较见表2-4。

各港口现代航运服务业比较

表2-4

| 层面 | 行　　业 | 英国伦敦 | 中国香港 | 新加坡 | 荷兰鹿特丹 | 比利时安特卫普 |
|---|---|---|---|---|---|---|
| 核心层 | 船舶运输 | ☆☆☆ | ☆☆☆☆☆ | ☆☆☆☆☆ | ☆☆☆☆☆ | ☆☆☆☆☆ |
| | 港口服务 | ☆☆☆ | ☆☆☆☆☆ | ☆☆☆☆☆ | ☆☆☆☆☆ | ☆☆☆☆☆ |
| 辅助层 | 代理服务 | ☆☆☆ | ☆☆☆☆☆ | ☆☆☆☆ | ☆☆☆☆ | ☆☆☆☆☆ |
| | 船舶供应 | ☆☆ | ☆☆ | ☆☆☆☆☆ | ☆☆☆☆ | ☆☆☆☆☆ |
| | 修理服务 | ☆☆☆☆ | ☆☆☆☆☆ | ☆☆☆☆ | ☆☆☆☆ | ☆☆☆ |
| | 船员劳务 | ☆ | ☆ | ☆☆ | ☆☆☆☆ | ☆☆☆☆ |
| | 船舶检验与登记 | ☆☆☆☆☆ | ☆☆ | ☆☆☆☆☆ | ☆☆☆☆ | ☆☆☆ |
| 支持层 | 航运金融 | ☆☆☆☆☆ | ☆☆☆ | ☆ | ☆☆☆ | ☆☆☆ |
| | 航运信息与咨询 | ☆☆☆☆☆ | ☆☆☆☆ | ☆☆☆☆☆ | ☆☆☆ | ☆☆☆☆ |
| | 海事仲裁与法律 | ☆☆☆☆☆ | ☆ | ☆ | ☆☆ | ☆☆ |
| | 航运交易 | ☆☆☆☆☆ | ☆☆☆☆ | ☆☆☆☆☆ | ☆ | ☆☆ |
| | 航运教育与培训 | ☆☆☆☆☆ | ☆☆☆ | ☆☆☆☆☆ | ☆☆☆ | ☆☆☆☆☆ |

注：☆代表“很差”；☆☆代表“较差”；☆☆☆代表“一般”；☆☆☆☆代表“较好”；☆☆☆☆☆代表“很好”。

### 2.6.2　航运中心现代航运服务业发展经验分析

总结新加坡、英国伦敦、中国香港、荷兰鹿特丹、比利时安特卫普这些典型地区现代航运服务业的发展经验，主要有以下四个方面：

(1)形成明显产业集聚

现代航运服务业形成于国际航运中心的建设，其本质是航运业及相关服务产业在同一地理位置上的集聚。现代航运服务业唯有在交易成本上更胜一筹，才能产生集聚效益，如中国香港、新加坡就是典型案例。

(2)发展借力优势产业

各地在发展现代航运服务业通常以自身优势产业“起家”，如伦敦以船舶经纪、船舶融资、海上保险、证券交易等金融保险业务以及法律规范下各种咨询服务作为其发展核心；新加坡以其知识创新型优势产业为背景，大力发展航运信息咨询、教育培养产业来形成现代航运服务业产业链等。这些都充分说明发展现代航运服务业需要“因地制宜，顺势而为”，否则难以形成特色，在竞争发展过程中必然会处于弱势。

(3)政府重视程度较高

在现代航运服务业发展初期，政府的支持作用起到关键性作用。伦敦的波罗的海交易所、劳合社等航运服务公共机构都是在政府推动下成立；新加坡以政府名义建立多个航运产业基金，直接参与到航运市场经营中；香港特别行政区政府在船舶注册登记、航运企业税收、船舶交易制度、航运金融保险业务交易费用等方面出台多项优惠措施和鼓励政策，并积极督促落实和关注后续进展，体现了政府层面在发展现代航运服务业上的坚定决心和实际行动。

(4)发展产业有所侧重

现代航运服务业涉及产业链长，发展范围广，不可能一一俱全，否则会造成资源分散，不易形成发展合力。因此要在发展过程有所侧重，特别是在某一阶段要转移某些规模效益差的产业，优化升级正在兴起的产业，鼓励支持存在潜力的产业。英国伦敦就是最典型的例子，早期的伦敦曾是全球重要的港口枢纽和货物集散中心，但随着成本升高和土地资源的稀缺，其传统优势产业逐渐被后来的航运交易、海上保险等新兴高端产业所取代，在漫长的发展过程中，逐渐形成对全球航运资源的垄断和配置，为伦敦发展高端航运服务、形成航运服务集群打下基础。正是因为具有全球航运资源的垄断和配置能力，使得伦敦在20世纪40年代实体货物吞吐量不断下降的情况下，仍然在长时间内维持着全球航运中心的地位。

# 第3章
CHAPTER 3

# 我国现代航运服务业发展现状分析

现代航运服务业发展依赖于航运市场的发展。目前,国际、国内航运市场发展形势不容乐观,特别是航运市场需求低迷,企业经营艰难等,我国现代航运服务业发展也面临严峻挑战。但是,全球航运业发展中心不断向亚洲转移、我国航运业升级转型等行业趋势也为我国现代航运服务业发展创造了许多机遇。因此,在当前形势下,须深入分析我国现代航运服务业(以上海地区为例),尤其是传统航运服务业和高端航运服务业的发展现状,找出其中存在的问题,为我国现代航运服务业发展提供参考。

## 3.1 我国现代航运服务业发展面临的形势

### 3.1.1 当前所处的市场环境

2012 年,全球经济形势依旧严峻,欧债危机令欧元区经济处于轻度衰退状态,美日经济温和复苏,中国、印度等发展中经济体增速放缓,全球航运市场不容乐观,全球贸易不景气,仍然是造成航运业低迷的主要原因,而运力与市场总需求失衡则使不景气的局面进一步恶化。2012 年,世界货运运力增长达到 12%,而需求仅增长了 3%;国际干散货运价指数 BDI 从 2012 年初开始就不断下跌,平均值为 920 点,比 2011 年下降 40.6%;波罗的海交易所发布的国际油船运价指数 BDTI 平均值为 719 点,比 2011 年下降 8.15%。在这种“需求放缓,运力增加,成本上涨,运价下降,亏损扩大”的市场态势下,大批中小航运企业濒临破产倒闭的边缘。

当前国际国内宏观经济环境的变化,使我国航运市场发展形势不容乐观,特别是航运供需失衡,燃油、人工等成本大幅上涨,企业经营面临巨大压力。需要准确判断、正确把握今后一个时期的航运发展态势,加快转变发展方式,不断优化运力、运输和组织结构,走质量效益型的内涵式发展之路,增强应对复杂形势和化解危机的能力。同时,国际航运产业发展与全球经济变化息息相关,在经济全球化和区域经济一体化深入发展的背景下,全球航运产业中心逐步向亚太地区转移,我国航运业发展处在重要的战略机遇期,其经济、政策、技术等外部环境正处于深刻的变革阶段。因此,我国现代航运服务业在快速发展的同时，也面临着极其严峻的挑战。

### 3.1.2　航运业发展趋势分析

从发展来看，航运业正在经历服务创新和组织创新，进而促使资源整合能力的提升、运输装备水平的提高和相关标准和规范的完善，促进航运业服务品牌的形成和经营管理方式的转变，提升服务能力和水平，逐步实现向航运业发展的转型和升级，从而满足现代物流发展要求。因此对其在效率、成本、安全、服务等方面提出更高要求。总结航运业发展趋势主要有以下方面：

(1)政府对航运业转型升级发展的高度重视

自20世纪以来，世界经济的重心由内陆地区向沿海地区迁移，先后有20多个沿海国家从海洋战略角度出发，注重提升航运业发展综合实力，立足于自身实际，不断制定、调整经济政策和策略。而政府的支持作用对航运业转型升级发展起到了关键性作用，如英国伦敦的波罗的海交易所、劳合社等航运服务公共机构均是在政府推动下成立；新加坡以政府名义建立多个航运产业基金直接参与到航运市场经营中；中国香港特别行政区政府在船舶注册登记、航运企业税收、船舶交易制度、航运金融保险业务交易费用等方面出台多项优惠措施和鼓励政策，并积极督促落实和关注后续进展，体现了政府层面在发展现代航运业上的坚定决心和实际行动。

(2)完善航运业政策法规及市场监督

现代航运业是一个新型的复合型产业，需要各相关行业打破地区封锁，明确准入条件，规范许可程序，促进公平竞争，建立优胜劣汰的市场机制，完善相关技术标准和规范，消除影响航运业发展的政策、法规方面的束缚，加强市场监管和安全监管，创新行政管理体制，为现代航运业的发展创造良好环境。同时，航运业作为基础性、先导性行业，具有很强的公共服务属性，其作为现代物流活动中的重要一环，必须提高行业管理水平，建立健全行业政策法规体系，创新管理模式和手段，加强航运业管理，维护航运市场正常秩序，推动航运技术进步，强化航运业的安全性和环保性，推进沿江、沿海地区大宗货物运输和国际物流的健康、快速发展。

(3)航运产业链两端不断延伸和增值

随着航运业发展的转型升级，航运产业链两端不断延伸并逐步孵化出新形式的高附加值的航运服务业，包括航运金融、保险、信息咨询、邮轮经济等多个服务产业。如英国伦敦以船舶经纪、船舶融资、海上保险、证券交易等金融保险业务以及法律规范下各种咨询服务作为其发展核心;新加坡以其知识创新型优势产业为背景,大力发展航运信息咨询、教育培养产业来形成现代航运服务业产业链等。以航运金融为例,航运业是资金密集型行业,在基础设施建设、船舶制造、航运管理与交易等各方面均需要巨大的资金投入,同时金融服务对航运业的发展也起到十分重要的支撑作用,航运与金融的关系密不可分,包括船舶贷款、船舶租赁交易以及航运股权和债券融资等。当前,全球各国均采取较为宽松的货币政策,资金的全球流动加速,同时投资银行、基金等金融机构进入航运市场步伐也将加快。

(4)航运业发展带来明显产业集聚效应

在成本、效率等因素下,航运业及相关服务产业在同一地理位置上集聚,而产业集聚有助于上、下游企业都降低消费成本(如船舶融资、保险产品购买)和交易费用(如船舶交易),使航运相关服务的成本显著降低;而集群内企业为提高协作效率,对生产链分工细化,有助于推动企业群劳动生产率的提高,如船舶经纪产业下分船舶买卖、评估、拍卖、贸易、设计、担保等多个专业门类,并产生大量公司及就业职位,实现单一产业专业化细分;集聚使得货主、船东、承运人等能够更稳定、更有效率地得到银行、保险公司、咨询公司等的专业服务,比较容易获得配套的产品和服务,及时了解本行业竞争所需要的信息;同时,集聚形成航运、保险、金融企业集群,有助于提升产业地位及对当地社会经济发展的贡献程度,受到所在国政府的重视,为获得各种优惠措施创造前提条件,并且,由于现代航运服务业集聚地区本身可提供充足的就业机会和发展机会,会对外地相关人才产生磁场效应。集聚区内有大量拥有各种专门技能的人才,这种优势可使企业在短时间内以较低的费用找到合适的岗位人才,降低用人成本。

## 3.2 我国现代航运服务业的发展评价

基于上述市场形势和行业发展趋势,我国现代航运服务业发展机遇与挑战并存。从近年来的发展来看,传统航运服务业发展呈现转型升级发展趋势,而高端航运服务业也在我国优势地区形成雏形。考虑到我国现代航运服务业发展参差不齐,现以上海地区的现代航运服务业发展现状为例,基于表 1-3 对现代航运服务业构成要素的划分,对照不同行业部门,就主要的产业门类进行逐个分析。

### 3.2.1 传统航运服务业发展评价

(1)船舶代理行业

船舶代理服务是指接受船舶所有人或者船舶承租人、船舶经营人的委托,经营办理船舶进出港口手续,联系安排引航、靠泊和装卸;代签提单、运输合同,代办接受订舱业务;办理船舶、集装箱以及货物的报关手续;承揽货物、组织货载,办理货物、集装箱的托运和中转;代收运费,代办结算;组织客源,办理有关海上旅客运输业务;为船舶提供的其他相关服务。

船舶代理企业在提高船舶通关效率,向船舶传递、落实海事法律法规和最新的监管要求,服务港口经济发展等方面都发挥了积极作用。2012 年,上海拥有国际船舶代理企业共计 139 家,其中,新增 8 家,注销 8 家,国际船舶代理企业数量较 2011 年持平。

2011 年 3 ~5 月,上海市交通运输和港口管理局根据交通运输部《关于换发〈国际船舶代理经营资格登记证〉的通知》(水运国际函字〔2011〕143 号)要求,组织开展上海市国际船舶代理企业换证工作,并对企业报送材料进行审核。在换证范围内的本市国际船舶代理企业共有 120 家。其中,符合换证条件企业共 112 家,不符合条件依法注销《国际船舶代理经营资格登记证》申请的企业 8 家。

(2)船舶管理行业

船舶管理是由不拥有船舶所有权的独立管理公司向船东提供一项或一系列的专业服务,并向其收取管理费用,使船舶满足船东要达到的初步管理的目的。船舶管理行业正吸引着越来越多关注的目光,原因是船舶管理业将成为航运市场实现集约化和专业化经营、实现船舶资本经营和业务经营主体相分离、带动整体运输效率提高的最有效载体,其在中国航运体系中发挥着越来越重要的作用。

截至 2011 年底,上海市共有 110 家船舶管理公司取得相关经营许可证,依法从事国际、国内船舶管理业务。其中,有 97 家公司取得“国际海运辅助业经营资格登记证”经营国际船舶管理业务,34 家公司取得“水路运输服务许可证”经营国内船舶管理业务,有 20 家公司分别取得国际、国内船舶管理许可证兼营国际、国内业务。国际船舶管理代管船舶 433 艘,其中普通客船 5 艘,化学品船 44 艘,油船 2 艘,散货船 185 艘,其他货船 197 艘;国内船舶管理代管船舶 214 艘,其中普通客船 7 艘,化学品船 27 艘,油船 16 艘,散货船 104 艘,其他货船 60 艘;国际、国内船舶管理兼营代管船舶 93 艘,其中化学品船 22 艘,散货船 16 艘,其他货船 55 艘。

2011年10月，根据交通运输部《关于开展船舶管理市场清理整顿的通知》（交水发〔2011〕589号）的有关要求，上海市交通运输和港口管理局在调查摸底工作的基础上，按照交通运输部统一部署，会同上海海事局开展了上海市船舶管理市场清理整顿工作。通过对船舶管理市场清理整顿，规范船舶管理市场，完善监管措施，提高了船舶管理企业的管理水平和能力，进一步增强了经营者依法经营意识，规范了船舶管理市场秩序，强化了船舶管理市场动态监管，保障了水路运输安全，促进了水路运输业健康。

从上海地区船舶管理的情况来看，突出问题主要表现在以下方面：

①市场对船舶管理业认识不足，行业发展相对滞后。专业船舶管理并不是新的行业，在最近几年发生很大的变化，呈现新的服务形式，即船舶的所有权和管理权完全分开，使航运公司财产的管理权脱离，而由专业的船舶管理者去管理。船舶管理公司可利用雄厚的专业技术力量、雄厚的航运人才资源、丰富的管理经验、先进的管理理念，充分发挥规模经济效应，大大降低船舶管理成本和营运成本，使船舶取得最大的保值，这对船东是极具吸引力的。同时，把船东从极其烦琐而充满风险的船舶管理中解放出来，专心致力于资本投资、资产经营、商务运作和市场开拓。这种管理权和所有权的分离在其他行业中也是屡见不鲜的。但上海发展的现实的情况是，在运力上占有绝大部分比例的国有船东企业还没有将船交给独立的第三方船舶管理公司管理；而地方公司在竞争激烈的航运市场中找到了自己的生存空间，在市场准入的技术门槛可以灵活处理的情况下，也不愿将自己的船舶交给第三方船舶管理公司管理。

②船舶管理企业水平相对较低。虽然上海已逐渐成立诸多第三方船舶管理公司，但多数公司自身的管理体制和人员专业素质距国际领先水平仍有较大差距，部分公司连国内传统船公司的专业水平都达不到。具体表现如下：首先，船舶管理公司经营业务狭窄。国外的船舶管理公司能够提供包括船舶物流管理、船舶维修保养、船舶成本预算与成本控制、船舶证书管理、船舶保险、财务管理等项目的全面技术管理，而国内船舶管理公司只能提供单一或少数的业务内容。其次，公司雇用专员和配备船员素质不够高。由于第三方船舶管理业务在我国开展时间较短，培训机制也不够完善，导致船舶管理公司的管理专员素质不高，大多不具有专业的素质和能力，对航运企业运营中出现的问题及注意事项不是很了解。船员素质方面，随着劳动力成本的上升，公司为节省成本对船舶配备的船员也常常降低标准，有的船员甚至连一般的防污染知识都不了解。“收而不管，管而不专”是船舶管理市场对目前第三方船舶管理公司的普遍定位。在这种情况下，船东们很难放心地将手中的船舶交给这些所谓的“专业”船舶管理公司。这与我国上海日益发展的航运事业不相配，制约了行业的进一步发展。

(3)无船承运行业

无船承运人又被称为无船承运业务经营者,指以承运人身份接受托运人货载,签发自己的提单或者其他运输单证,向托运人收取运费,通过国际船舶运输经营者完成国际海上货物运输,承担承运人责任的人。我国无船承运业务是从传统货运代理业中分离出来的。

2011 年,上海市交通运输和港口管理局进一步完善了关于无船承运的两项管理制度:一是运价备案制度。根据《中华人民共和国国际海运条例》及其实施细则的规定,地方交通主管部门主要履行无船承运企业提单登记环节的初审和后续的市场监管职能,并可根据交通运输部授权,对违规企业实行行政处罚,近年来上海市交通运输和港口管理局根据交通运输部的授权,先后完成对上海某物流有限公司等单位违规经营无船承运业务和中日航线部分无船承运企业运价备案执行情况的调查取证工作。二是责任保险制度。2010 年,交通运输部发布《关于试行无船承运业务经营者保证金责任保险的通知》(交水发〔2010〕533 号),公告实行保证金责任保险制度,无船承运企业可以选择保证金责任保险方式申请取得无船承运业务经营资格,来进一步降低经营成本和增强企业经营活力,从而使资金方面的准入门槛也进一步降低,为企业低成本进入市场提供了机会。上海市交通运输和港口管理局加大宣传力度,引入太平洋保险公司和中国人民保险集团股份有限公司共同开展无船承运人保证金保险业务,进一步落实无船承运人保证金保险制度实施。截至 2011 年末,约有 217 家无船承运经营者成功选择投保无船承运业务经营者保证金责任保险。

从目前的发展来看,无船承运行业发展存在以下问题:

①行业自律机制尚未有效形成,市场秩序有待规范。当前,无船承运等航运代理行业尚未形成有效的自律机制,在航运市场低迷时期,不正当竞争、杀价竞争的现象严重。尤其是无船承运通过"套约"等不规范方式,采用"零运价""负运价"竞争,严重扰乱班轮市场运价的正常秩序。

②企业规模比较小,专业化、国际化水平不高。目前,上海市无船承运行业"小、散、乱"现象并存,产业集中度较低。无船承运企业数量比较少,中小企业占主要比重,规模普遍较小,而且无序竞争的现象比较常见,企业内耗较大。这些中小型企业并不具有很强的竞争实力,因而在功能、服务和业绩等方面存在明显的不足,专业化、国际化水平有待提高。

③服务方式比较单一,专业服务能力欠缺。长期以来,无船承运企业一直处于船货港之间,扮演"代办运输"的中间人角色,提供的服务范围也仅限于租船订舱、报关、转

运、在港船舶服务等简单的环节性服务，专业服务能力欠缺，服务不规范或标准较低，不具备独立的增值服务，一旦行业分工被打破，很容易被船舶公司和货主所抛弃，只能在低层次满足客户需求。

④为无船承运服务的口岸环境需要进一步优化。EDI服务的便利化有待提高。目前，上海市在实施电子报关和报检时，上报信息基本相同，口岸联检部门虽已推行“一单两报”试点，但试点范围和效应有待扩大，以进一步为航运代理企业办理报关报检提供便利，简化手续并减少申报费用。目前仍然采用的“电子申报和纸面申报双轨制”，在实施电子申报的同时还要纸面申报，电子申报时要预录申报信息，纸面申报需要人员送达，没有体现电子口岸应有的快捷便利。2012年8月1日起，中华人民共和国海关总署在全国包括上海在内的12个海关启动通关作业无纸化改革试点，选择部分AA类和A类企业展开，改革中研究工作中出现的新问题，完善解决方案。

(4)船舶检验与登记行业

船舶检验，即船舶检验机构按照船旗国政府的有关法令规定以及船旗国政府批准、接受、承认或加入的有关国际公约(包括修正案)、议定书和规则等，由政府主管部门或经政府授权的有资格的组织指派验船师进行的检验。经检验合格后，签发相应的船舶检验证书，以证明船舶符合有关船舶建造和营运规范、规则等要求。而船舶登记是赋予船舶以国籍和权利义务的行为，即对船舶享有某种权利的人，向国家授权的船舶登记机关提出申请并提交相应的文件，经船舶登记机关审查，对符合法定条件的船舶予以注册，并以国家的名义签发相应证书的法律事实。船舶检验与登记程序紧密联系，是行政部门及相关企业为航运服务的重要职能。目前，上海地区船舶检验业务主要由中国船级社所属的上海分社、上海市交通运输和港口管理局下属的上海市船舶检验处，以及各国外船级社(美国、英国、挪威、德国、法国、意大利、日本、韩国)的在沪机构承担。

2011年底，上海市地方海事局共办理各类船舶登记业务732艘次，比2010年减少50艘次。其中，船舶抵押权登记31艘次，船舶光船租赁登记20艘次，船舶国籍登记399艘次，船舶变更登记142艘次，船舶注销登记140艘次。

上海海事局2011年全年共办理各类船舶登记及相关业务3701艘次。2011年，上海海事局登记注册船舶为2182艘(15198917总吨)，比2010年减少2艘(较2010年增加21艘)，总吨位同比增长9.1%。其中，特案免税登记船舶25艘(314357总吨)；国际航运船舶355艘(9038451总吨)，比2010年增加22艘；国内沿海船舶990艘(5162418总吨)，比上年增加51艘；内河船舶为837艘(998048总吨)，较2010年减少52艘。值得关注的是在上海注册登记的特案免税船舶数量较2010年仅增加两艘，且规模也很小，仅为25艘，说明中资国际航行船舶特案免税政策的实施效果不理想。相比而言，新加坡、中国香港的船舶登记业务发展迅速，近几年的国际航运船舶总吨登记注册量不断增加。

目前，上海地区船舶检验与登记行业发展存在问题主要集中在以下方面：

①验船师人员储备不足。近年来，我国的造船业一直保持增长势头，上海船公司新造船数量不断增加，因此船东和第三方检验机构对验船师的需求很大。同时，上海船舶交易、船舶保险等市场逐步兴起，保险、货代、船务等企业对验船师的需求也不断上升。但与爆发性的需求增长相对应的是验船师漫长的成长期，我国注册验船师证书的颁发条件里，取得注册资格最少需要4年工作经验，这使得验船师的培养速度赶不上增长的需求速度。现有验船师除工作量增大之外，其检验责任也在不断增加，但收入待遇并没有明显增长，增大的工作量和工作压力使现有的检验工作人员出现一定量的流失。

②对验船师知识结构和专业素质要求不断提高。如今随着“绿色航运”概念的提出和深化，对船舶有了新的标准和要求，新造船逐渐向智能化、专业化、大型化方向发展，大量出现的先进造船技术和工艺，给验船师的专业知识不断提出新的挑战。如果验船师不及时更新自己的知识，在面对新的检验要求时，很容易力不从心。

③现有船舶法定检验管理模式存在不足。目前中国船级社(CCS)的各分支机构实行行政、业务垂直领导，这种管理模式能使政令畅通，发挥整体优势，并且保证检验标准和服务质量。但是，上海市船舶检验处的业务主管是上海海事局，行政主管是上海市交通运输和港口管理局，人员管理和业务管理分离，检验人员调配与船舶检验结论审查分离，使得上级机构对下级机构的监督制约不足，在目前多个检验机构存在竞争的市场情况下，某些时候有重收费、轻检验的现象发生。在缺少监督的情况下，个别检验人员会出现降低检验标准，不按照规定要求实施检验的情况，从而对航运安全造成潜在的危险。

(5)船员劳务行业

船员劳务市场是指在有关国家政策指导下，按照市场经济规律，以一定的劳动力价格实现船员劳动力供求关系的市场调节体制、市场活动、劳动关系以及中介机构的总和。其包括国内船员劳务市场和国际船员劳务市场。国内船员劳务市场是指国内船员的劳动用工以及劳动竞争所形成的劳动市场体系；国际船员劳务市场则是指国与国之间开展海员劳务的输出与输入，由一国国内船员管理机构外派船员为另一国国内船员劳务需求者提供船舶操纵、控制和管理等服务并取得报酬的活动。

目前中国约有海员65万人,居世界第一,年培育5万余人,在国际航运市场,约有10万人次的中国海员服务于外国籍和港澳台地区籍船舶,且每年以7000人次左右的规模持续扩大。目前在上海注册的值班海船船员约6万,高级船员约4.4万,85%左右为国际航线船员。上海市船员服务机构约60余家,其中甲级服务机构23家,乙级服务机构32家。

2007年我国政府颁布《中华人民共和国船员条例》,2008年交通运输部下发《中华人民共和国船员服务管理规定》。2011年,交通运输部颁发《中华人民共和国海员外派管理规定》。此外,2015年8月,中国正式加入《2006年海事劳工公约》,这项被称为全球海员的"权利法案",对我国船公司的船员管理运作、船员的福利待遇、船员职业安全与健康、船员招募与安置、船舶设计与建造等诸方面带来一系列较大影响。

2011年3月16日,由上海市船员管理和服务领域32家企事业单位和23名个人共同参与的上海船员服务协会正式成立,该协会的成立将有助于上海船员市场形成规模和现代航运服务体系建设,进一步推动上海国际航运中心的建设。2011年6月25日,中国船员招募网在上海开通,中国船员招募中心正式开始运行,其作为政府部门为船员提供公益性服务的机构,承担全国性的船员就业登记、就业指导、招募安置、法律援助、市场研究等职能。

目前上海地区的船员劳务行业发展存在以下问题:

①船员市场供求失衡,高级船员紧缺。目前我国的船员结构是支持级和小吨位船员过剩,而职务船员特别是丙类及以上的高级船员数量严重不足,导致船员市场供求关系失衡。由于船员紧缺,只要能找到持证船员,不管实际能力如何,均聘其上船,这不仅可能影响船舶的正常工作,也给安全工作带来隐患。船员数量不足还使船舶公司对船员管理难度进一步加大,虽然与船舶公司订立了劳动合同,但对高级船员来说只是一种形式,没有实质性的约束力。从上海目前船员的注册数据来看,高级船员占的比例超过70%,但由于船员是一个人员流动性较大的职业,就业地点并不局限于注册地,因此从船公司招聘的情况来看,上海同样存在高级船员急缺的状况。

目前上海船员数量不足,尤其是高级船员紧缺,主要原因有:一是由于上海航运业的快速发展,船舶数量急剧增加,由此产生对高级船员的大量需求;二是随着船舶的现代化,对海员素质的要求也在不断提高,航海是应用型专业,投入大,师资要求高,虽然上海拥有数家航海类学校,但毕业生数量仍不能满足海运业快速发展的需要;三是我国2004年颁发《中华人民共和国海船船员适任考试、评估和发证规则》,对船员的晋升作出一定的文凭限制，但却没有相应的后续措施为那些有志于从事船员职业的人员提供适当的职务晋升渠道，这使他们失去成为高级船员的可能。从船员发展历史和航海特殊性来看，具有较长时间工作经验的老船员具有比新船员更多的优势，他们的晋升符合航海对实践要求特别高的规律和职业喜好的要求，但这部分人员由于政策限制不能取得相应资格，造成高级船员不足；四是随着上海航运中心的建设，除了传统的航运运输企业之外，还出现大量的航运金融、保险、交易等现代航运业企业，这些企业同样需要富有经验的高级船员，而且工资待遇与在海上工作相近，工作环境则远优越于海上工作，这使得现有高级船员进一步流失。

②船员国际竞争力应进一步提高。在国际船员劳务输出市场上，无论是高级船员还是普通船员，菲律宾均占首位，中国虽然可排进前十位，但是与我国人口基数和现有船员数量相比是不相称的，尤其是船长、大副等管理级船员排名较后，显示出我国船员在国际市场上的竞争力相对不足。

造成这一现象的原因主要有几点：一是英语水平较低，这是制约我国船员进入国际市场的重要原因之一。现在中国航海院校的教育十分重视专业理论知识，但在行业英语的实际应用上能力有待进一步提高，还有很多高级船员是由机工水手通过考试逐渐晋升而来，这造成我国船员虽然航海专业知识很强，但英语沟通和交流能力不足。二是等级管理意识不足。欧洲的航海传统非常重视船上的等级管理制度，认为只有这样，才能有力地进行船员及船舶的管理，避免出现混乱状况，更好地保证航运的安全。与东南亚国家船员相比，中国船员未经培训前的等级管理意识不足。三是中国与欧美国家之间文化差异较大，在管理理念、思维习惯、语言、饮食、风俗习惯等方面中国人和欧美人有很大的不同，而菲律宾、印度、乌克兰、俄罗斯等国受这些因素影响较小，这使得中国船员在与外国船员共同工作时很容易出现不适应。

③船员劳务服务机构发挥作用不足。上海市目前虽然具有几十家船员劳务服务机构，但船员劳务服务在经济发展中的作用没有得到合理发挥，交流闭塞造成船员培训中各工种数量的不平衡，船员缺乏良好的外部“认知”环境，整体发展没有得到正确引导，船员资源也没有得到充分利用，航运淡季和旺季船员就业得不到保障，船员劳务服务机构在国民经济发展中的作用也没有得到合理认识。在目前经济正处于快速发展的阶段下，中央人民政府和上海各相关政府职能部门为适应这一发展势必会出台与之相对应的政策法规，若广大的船员及船员劳务公司对这些政策法规并不能在第一时间有效地阅读理解及运用，会造成政策法规出现“真空时间”及“真空地带”。

④海员外派市场竞争秩序尚不规范。外派海员的工作地点是外国籍船舶，在海上，

经常遇到灾难性气候,特别是近年来国际海盗活动日益猖獗,更增加了海员工作的艰苦性和危险性。海员的人身权利和经济权益极易受到侵害,且海员外派具有国际性合作和全球性运作的特点。外派海员通过合同关系派往境外为境外船东工作,工作环境陌生,海员之间工作关系不稳定,个体性较强,一旦发生紧急情况或劳务纠纷,缺乏有组织的劳动保护,劳务风险较大。《中华人民共和国海员外派管理规定》对海员外派机构的资质和责任作出明确的规定,但现在上海海员外派市场仍然比较混乱,派出单位成员结构复杂,水平不一,致使国内船员劳务输出出现相互压价、越权经营、自毁市场等现象,海员权益不能得到有效保证,扰乱了市场秩序,严重影响了船员劳务市场的健康发展。

⑤船员劳务市场信息渠道不通畅。海员外派劳务合作涉及国内国外两个市场,要求准确可靠的供求渠道和信息。目前上海海员对外劳务合作企业普遍规模小,开拓国际市场能力不足。绝大多数在海外没有设点,主要依靠临时性的人力资源招募活动,带有极大的盲目性,更谈不上主动、有意识地收集信息和开拓市场,致使了解信息迟缓,不能随时掌握市场最新动态,以致很难有针对性地培训外派船员队伍。尽管现在许多船员劳务公司已经开始注意到这点,但总体上说,仍对现有国际船员劳务市场开发力度不够,中国船员在世界船员劳务市场的供给尚存很大潜力。

(6)船舶供应行业

上海港现已成为我国沿海港口船舶供应数量最多、经营规模最大、从业人数最多的港口。根据上海港口行业协会调查统计,截至2010年底,上海市具有经营许可证的船舶供应企业有256家,加上具有兼营业务的公司,上海市从事船舶港口服务的企业近300家,属于密集竞争行业。从企业规模来看,从业人员在20人以下的小企业比例高达58%,很多企业的办公室和仓库都是临时租用的;从企业经济成分来看,民营企业占大多数;从企业的经营模式来看,很多企业采用现场和现金交易,压价竞争屡见不鲜,市场竞争的层次较低。根据上海港口行业协会2007年的抽样调查显示,从事岸电供应的企业占调查企业总数的26%,从事燃料供应的占24%,从事物料供应的占79%,从事生活用品供应的占65%,从事围油栏布设服务的占15%,从事船员接送的占18%,从事垃圾接收的占6%,不少企业为兼营。

其中,燃油供应主要有内贸完税供油和免税(油品免增值税、消费税、海关税)船供油两类。目前,给外轮或者国际航线船舶加保税油已占到我国燃料油出口的80%以上。根据石化行业知名网站ICIS的估计,2010年上海船舶保税燃油供应量约为140万吨,与2009年相比几乎没有增长,远远低于全国的船舶保税燃油供应量的增长率(约为27%)。上海现仅有6家从事保税油供应的企业:中国船舶燃料有限责任公司下属的上海中燃船舶燃料有限公司和上海中船燃石油有限公司、中石化长江燃料有限公司、中石化中海船舶燃料供应有限公司、深圳光汇石油集团、中石化浙江舟山石油公司。其中,上海中燃船舶燃料有限公司的保税油供应量约占上海港供油总量的80%,但该公司仅为本地燃油实物供应商,缺乏全球性的营销网络,直接供应客户很少,且没有定价权。

就全球而言,上海船舶供应业务在燃油供应方面实力欠缺,尤其是船舶保税油供应企业数量少、供应量小、开放程度不高,缺乏市场话语权和议价权;船用物品供应则具备较强实力,但与国外航运发达地区相比,企业集约化程度不高,规模效应不足,竞争层次较低。

### 3.2.2　高端航运服务业发展评价

(1)航运金融行业

航运金融是指航运相关企业在运作过程中发生的融资、保险、结算、融通等经济活动,以及由此产生的一系列相关业务的总称。航运金融业是国际金融中心和国际航运中心的结合点。加快航运金融业发展,无论是对国际金融中心建设,还是国际航运中心建设都具有重要意义。自国务院提出建设"两个中心"以来,上海航运金融行业得到快速发展,主要体现在以下方面:

第一,银行不断组建航运金融专业服务机构。交通银行、工商银行上海市分行、中国银行上海市分行、浦发银行等中资银行成立了航运金融部或航运金融服务中心,重点加强对航运产业的政策研究、业务规划、产品研发及客户营销,并向航运相关企业提供账户管理、结算服务、资金理财、融资授信、电子银行等一揽子金融服务方案。汇丰集团、渣打银行等外资金融机构也加强了在上海航运金融团队的力量。

第二,航运金融租赁机构发展迅速。中国银监会制定的《关于金融租赁公司在境内保税地区设立项目公司开展融资租赁业务有关问题的通知》为船舶租赁的金融服务体系建设奠定了制度基础。在上海注册的交银金融租赁公司和招银金融租赁公司分别获得了在境内保税地区设立项目公司,开展融资租赁业务的资格。截至2011年末,前述两家公司在上海综合保税区内共设立8家单机单船融资租赁项目公司,其中涉及船舶租赁的金额为2.06亿元人民币。其他金融租赁公司在境内保税地区设立项目公司开展融资租赁业务事项也在不断推进之中。2012年,农银金融租赁公司正在积极筹备在境内保税区设立项目公司开展融资租赁业务的资格。同时,金融租赁公司在上海不断集聚。2011年10月10日,中国银监会批准筹建浦银金融租赁股份有限公司,上海已经成为全国金融租赁公司最多的地区,为建立高端船舶金融服务体系打下了坚实基础。

第三,大型保险公司在上海设立专业航运保险机构。航运保险服务体系是航运金融服务体系的组成部分,主要包括保险公司、再保险公司、保险中介机构等各类型主体,保险公司提供各类航运保险服务,再保险公司为保险公司提供再保险服务,相关保险专业中介机构为投保人和保险人提供各类经纪和代理服务。2012 年,上海保险市场共有 40 家财产保险公司从事航运保险直保业务,经营船舶保险、货物运输保险以及出口信用保险。其中,从公司资本性质来看,中资财产保险公司共有 29 家,外资财产保险公司共有 11 家。从经营险种来看,经营船舶保险的公司为 29 家,经营货物运输保险为 39 家,经营出口信用保险的公司为 1 家。

第四,上海航运产业基金建立。2011 年,在上海市政府有关部门的支持推动下,负责航运产业基金募集、管理和运营的上海航运产业基金管理有限公司正式挂牌成立。该公司注册资金 2 亿元,由国泰君安创新投资有限公司、中海集团投资公司、上海国有资产经营公司、虹口区国有资产经营公司四家企业,按 3.5∶3∶2.5∶1 的比例共同出资成立。目前基金管理公司已在与航运产业基金出资人进行沟通和交流,基金投资项目也在按计划进行储备,主要投向船舶、港口、航运服务发展等领域。

第五,航运衍生品交易机构成立。2011 年 3 月,上海航运运价交易有限公司推出国内航运运价衍生品交易业务。作为全球航运运价第三方集中交易系统,该项目促进了我国航运衍生品市场交易。2011 年 6 月,上海航运运价交易有限公司(SSEFC)鸣锣开市,推出集装箱航运运价衍生品交易产品——上海出口集装箱运价衍生品交易,中国的航运金融衍生品市场运作开始探索。2011 年 12 月,国内首个干散货指数——中国沿海煤炭运价指数(CBCFI)正式发布,中国沿海煤炭运价衍生品交易同步推出。

在快速发展的同时,航运金融发展也凸显出一些问题,主要表现在:

①中小航运企业融资困难。中小航运企业规模小,流动资金少,盈利能力不高,企业抗风险能力较低,往往难以提供有效的抵押和担保;船舶老旧,安全系数差,管理人员和船员素质低,企业经营成本高,资本累积慢,收支能力低下,进一步降低了企业在银行的信用度,导致目前上海中小航运企业融资相对困难。另外,我国金融机构与船舶经纪人、船级社等船舶相关机构合作不密切,且缺乏资本雄厚的船舶融资租赁公司作为融资主体来为船舶工业吸纳大量资金;银行和政府对中小航运企业没有政策上的倾斜,对中小航运企业的贷款利率比大型航运企业高数倍;中国境内融资的手段和方法稀缺,更没有像发达国家那种由政府和银行创办的专门政策性银行为中小企业提供资金和融资服务。

②航运金融租赁服务刚刚起步,政策亟待完善。2010 年 2 月,中国银监会印发《关

于金融租赁公司在境内保税地区设立项目公司开展融资租赁业务有关问题的通知》,为金融租赁公司、融资租赁公司设立船舶、飞机等金融租赁业务的开展奠定了制度基础。但外部政策法规很不完善,发展限制依然很大。总体来讲,主要受税收、外汇等政策因素限制,国内金融租赁公司根本无法与外籍租赁公司进行平等竞争。

在税收方面,我国航运领域税负相对过高,这在营业税、所得税、增值税等方面均有体现,这些税负大幅提高了船东和航运公司的营运成本。在这种国内航运税负过重的情况下,上海金融租赁公司资金实力虽然雄厚,但其船舶融资业务却被束缚在国内沿海及内河航运的狭小市场,金融租赁公司目前难以针对中国建造和运营的远洋船舶提供租赁服务。

国内金融租赁业务的国际化运作仍受到外汇管制限制。目前,国内金融租赁公司还不能到境外设立单船 SPV(特殊目的公司)。这意味着,通过设立 SPV 合理规避国内相对较高的税负及外汇管制,这一国际通行做法,在上海仍然行不通。据了解,在大部分航运发达国家,基本上都可以在境外设立 SPV。世界上绝大部分从事国际贸易运输的远洋船舶都在国外税收特殊区域(即“方便旗”国/地区)设立特殊目的公司 SPV,为船舶进行融资和注册,悬挂“方便旗”。另外,项目公司设立在境内保税地区,金融租赁公司无法从境外筹措外汇资金,只能在国内资金市场解决,不但无法满足业务实际需求,而且融资成本远远高于国外,使得上海的金融租赁公司竞争能力提升不大。国内金融租赁公司开展境外 SPV 租赁业务资格仍未放开,境内获取美元融资的渠道有限,国内船舶租赁市场仍较大程度上被国外专业租赁公司等金融机构垄断,上海船舶融资租赁专业化业务发展面临较大制约。

③航运保险产品单一,服务能力有待提高。上海国内保险公司目前缺乏国际化的服务水平和国际认知度。国内保险经纪公司市场准入的门槛较低,常常采用不规范手段操作,扰乱了保险市场。但船公司经常遇到需要以保单进行担保的事宜,如果该保单所属的保险公司缺乏知名度,则在国际上难以认定此保单的有效性。一旦船舶出险后,保险公司理赔人员中懂得航运、保险、海事、法律知识人才少,常常达不到国内船东服务要求。

④航运衍生品影响力不够大。航运市场是一个结构完善、规模庞大以及开放程度较高的市场体系,该体系中的各个主体都有规避航运价格风险的要求,都可能成为将来航运价格指数期货交易的主体。国务院意见明确指出要丰富航运金融产品,加快开发航运运价指数衍生品,为我国航运企业控制船运风险创造条件。目前,中国出口集装箱运价指数(CCFI)、国内沿海散货指数(CCBFI)以及新版的上海出口集装箱运价指数(SCFI)等指数,对企业带来的实际收益效应有待进一步扩大,运作专业化和规范化有待进一步

加强。目前存在较多的个人或者非航运企业的投资者等,因此未来还需要吸引更多航运企业加入,以实现“套期保值”的关键功能。

(2)海事法律与仲裁行业

海事仲裁与海事审判是两种不同的海事争议解决方式,其共同目标都是为广大航运当事人妥善化解矛盾纠纷,维护正常的国际航运生产秩序。一般来说,海事争议的解决,应遵循双方自行和解—调解—仲裁—诉讼的原则。与诉讼相比,中国海事仲裁具有方便、快捷、灵活等特点,对于标的小、即时性强的海事争议尤其适合。而法院作为国家提供财政资助的审判机关,应“不诉不理”,鼓励双方当事人通过采取自行和解、调解、仲裁的方法,化干戈为玉帛,海事审判是作为各种尝试失败后的最终选择。

2011 年,上海海事法院审结海上货物运输合同纠纷案件 535 件,在依法保护国内出口企业因无单放货、货损货差而遭受损失的索赔权利同时,对试图将贸易风险向运输环节不当转嫁的请求,依法不予支持。审结货运代理合同纠纷案件 682 件,累计结案标的达 4441 万元,较好保障了涉案货代企业经营活动的正常开展;审结涉及船舶买卖、修建、租赁等交易活动的纠纷案件 35 件,对受国际金融危机后续效应影响而引发的船东拖欠造船款、单方撤单弃船以及船厂延期交船、船舶质量缺陷等纠纷,区分因情势变化客观上造成履约困难与违背诚信原则恶意违约的不同情况,加强释法明理,慎重选择继续履行或解除合同等处理方式,依法平衡、调整各方利益,维护交易秩序顺畅稳定。

在仲裁方面,目前上海海事仲裁案件由上海仲裁委员会国际航运仲裁院和中国海事仲裁委员会上海分会两家机构办理。2011 年,上海仲裁委员会国际航运仲裁院受理仲裁案件 58 件,比 2010 年增长 41.5%,争议标的 1.11 亿元,比 2010 年增长 105%,平均结案期由 2010 年的 85 天缩短为 77 天,减少了 8 天;中国海事仲裁委员会上海分会受理案件共计 51 件,同比增加 54.5%,争议标的为 4.69 亿元人民币,同比增加 31.5%。涉外案件 20 件,涉及韩国、泰国、美国、日本、索马里、法国、澳大利亚、越南、意大利、印度尼西亚、苏丹、日本、伊朗、俄罗斯、新加坡等国家;有 3 件双方当事人均为境外航运企业;已结案 35 件。案件类型有海上保险、船员劳务、运费争议、航次租船合同、船舶修造、保险代位、国际货运代理、渔业争议等。平均结案时间为 89 天,仲裁与调解相结合方式结案率达 32%。

并且,随着机制建设不断推进,2011 年 6 月 28 日上海市高级人民法院和中国海事仲裁委员会就建立海事纠纷委托仲裁调解工作机制举行了《关于建立海事纠纷委托调解工作机制协作纪要》签署仪式。海事纠纷解决领域首个诉调对接机制于 2011 年 7 月 1 日正式启动。中国海事仲裁委员会上海分会与上海海事法院共同制定了《调解规则》和

《调解员名单》。上海海事法院积极向当事人宣传诉调对接机制,已经向中国海事仲裁委员会上海分会移送5个海事海商案件,进行调解。中国海事仲裁委员会上海分会还引入第三方裁决即专家裁决,进一步提高了裁决质量和效率。

随着上海国际航运中心建设不断加快,航运法律及仲裁方面发展也存在相应的问题:

①立法体系较为分散。目前我国海事相关立法较分散。根据海事业务的分类,海事立法从船舶管理,防污染、危险货物管理,船公司管理,通航管理,船员管理,航标测绘管理,船舶和海上设施检验等方面分别开展了大量的立法活动,呈现了多元化的特点。同时,国务院、交通运输部、交通运输部安监司、交通运输部综合规划司、中华人民共和国海事局以及各地行业管理部门均成为海事立法的相关主体,海事立法出现过于分散的缺陷,设权性条文散见于法律、法规、规章、条例和规范性文件当中,检索使用不便,客观上为海事行政执法带来了不利影响。

②航运法律服务队伍规模较小,业务能力参差不齐。全球金融危机以来,受国内外经济形势复杂多变的影响,航运市场低迷不振,海事海商纠纷矛盾凸显,并以案件形式进入到司法领域。从目前海事法院审理的案件来看,担任过诉讼代理人的律师及涉及的律师事务数量十分有限。从航运发展趋势来看,海事海商律师队伍数量、规模难以完全满足日益增长的海事法律服务需求。

③航运专业鉴定、评估机构可选数量有限。在海事案件审判中,对责任和损害的鉴定评估对审判结果的影响很大,但目前航运专业鉴定、评估机构数量较少,选择有限,且个别机构的商业化色彩过重,影响了其作为第三方的中立性和权威性。

④仲裁案件数量较低,与航运纠纷总量不相称。根据国外经验,海事仲裁与海事审判之间应当是“小诉讼、大仲裁”的发展模式。海事审判作为国家公力救济,应合理配置司法资源,充分利用民间纠纷解决机制。而中国的海事审判和海事仲裁却呈现出发展倒置的状况。

⑤海事仲裁受外部环境制约较大,国际竞争力不足。《中华人民共和国仲裁法》在制定时对中国航运大国的特点考虑不足,在仲裁条款的要件中采取严格规定,即一定要写明仲裁委员会名称,这对已经与国际接轨的中国海事仲裁带来严重负面影响,后虽有司法解释,对仲裁条款的认定稍有放松,但在海事层面上仍未有实质性改变,不利于中国海事仲裁参与国际竞争。

目前,中国海事仲裁委员会在宣传推广海事仲裁,主管航运政府管理部门、行业协会在宣传推广方面发挥作用还不够。许多航运公司和律师在签订各类航运合同中采用格式合同时,对其中的伦敦、纽约仲裁条款照搬不误,选择在中国以外仲裁;有的没有订立仲裁条款,有的订立的仲裁条款无效,也没有积极维护自身的利益,把仲裁权让给了外国。不仅如此,整体法律环境的差距,也导致中国在国际海事仲裁领域缺乏较大的影响力。特别是大标的、涉外或国际海事仲裁案件,一些大公司往往迫于外方当事人的压力,被迫选择在中国以外仲裁。

(3)航运交易行业

我国目前航运交易发展以船舶交易为主,伴随运价指数等相应增值服务的出现和快速发展,以运价、船舶交易价格等为基础衍生品交易市场迅速发展。总结上海地区的航运交易行业发展,主要有以下方面:

第一,建立全国船舶交易信息平台。2010 年 3 月,根据交通运输部《船舶交易管理规定》,上海设立中国船舶交易信息平台,建立全国统一的船舶交易信息平台,提供船舶交易信息服务。各地方船舶交易服务机构向上海航运交易所及时报送本机构船舶交易信息,由上海航运交易所定期汇总后发布全国船舶交易信息和市场行情。目前已有 11 家地方船舶交易服务机构,成为“全国性船舶交易信息平台”会员单位,每周会员单位都将各自的二手船舶交易情况,包括船舶名称、初次登记号、成交价格等信息汇总,并在平台上独立查询、统计、发布船舶交易信息。

第二,提供船舶交易增值信息服务。上海在维护全国船舶交易信息平台的同时,还积极收集全球二手船、废钢船、新造船的数据和市场信息,生成典型船舶的交易估价,形成船舶交易信息报告,除此之外,还研究开发船舶交易的增值信息等,服务于宏观经济。目前,上海船运交易所开发了“国内航行样本船型估价”“国内船舶交易市场周评述”“中国船舶交易信息公报”“国际船舶交易市场月评述”等信息产品。

第三,编制并发布中国新造船指数。中国新造船指数(China Newbuilding Price Index,CNPI)由中国新造船价格指数有限公司发布。该公司的指数委员会负责为指数报价,委员会由 14 家独立中外资经纪公司组成,这些成员成交的业务量占中国新造船市场总量的约 70%。指数委员会成员每半个月根据中国新造干散货船、集装箱船和油船报价规则报价一次。规则对船级、船型规格、建造船厂、完工日期、付款条件等有严格定义。报价经专职审价员审核后,进入计算系统,依据规定权重编制成中国新造船价格指数(包括综合指数和分船型指数),在每月的月中和月底发布。与指数配套的一篇简短扼要的中国新造船市场报告,由资深经纪人主笔,由指数公司汇总其他一手市场情报编辑而成。这种反映自主知识产权和一手信息的市场报告在中国仅此一家。CNPI 作为带有远期商品交易特征的行业价格指数,有发现、引导中国新造船价格走势的功能,可为中国船厂提供与外国买家谈判的全局性参照,为政府管理部门提供宏观的产能和市场研判工具,为保险公司、银行及其他金融机构提供公正的船价依据。

第四,编制并发布上海船舶价格指数。2011 年 9 月,上海航运交易所发布了“上海船舶价格指数”。“上海船舶价格指数”由上海航运交易所历时一年独立编制,包含 17 个典型、5 个综合船舶的估价,每周三下午发布。主要结合全球新造船、船舶买卖、废钢船的市场数据,并以全国报送的真实交易数据为基础,从而生成典型船舶的交易估价,最终形成“上海船舶价格指数”。

第五,探索并开展运价衍生品交易。为促进上海高端服务业的发展,推动上海国际航运中心的建设提升。上海航运交易所联合上海市虹口区国有资产经营有限公司等单位共同发起成立了上海航运运价交易有限公司(以下简称 SSEFC)。目前,主要运价衍生产品有基于上海出口集装箱运价指数(SCFI)的运价衍生品交易和基于中国沿海煤炭运价指数 CBCFI 的秦皇岛—上海、秦皇岛—广州两条航线的运价衍生品交易,满足了中国沿海散货运输市场的需求,为企业规避运价波动风险提供了新的机制。

第六,航运经纪相关试点逐步开展。2010 年,中国大陆首批国际航运经纪业准入试点工作成功开展,9 家国际航运经纪公司率先在上海成立。2010 年 6 月,上海市交通运输和港口管理局、上海市工商局、上海市商务委员会和虹口区政府等共同启动第一批航运经纪从业人员准入试点工作,先后召开了一系列工作推进会,反复调研、论证、协调、磋商和酝酿,大力推动航运经纪有关政策率先在虹口区北外滩先行先试,并取得重大进展。受上海市交通运输和港口管理局和上海市工商局委托,上海市执业经纪人协会于 7 月 10 日在上海北外滩举行了第一次航运经纪从业人员资格考试,共有 135 人考核合格。7 月 29 日,上海市交通运输和港口管理局、上海市工商局、上海市商务委员会、虹口区政府共同举办了“首批国际航运经纪公司颁照仪式”,首批 9 家航运经纪公司正式成立,并全部落户北外滩,航运经纪业先行先试取得重大突破,填补了我国航运经纪业准入制度的空白,加速了上海国际航运服务核心要素的集聚,在优化完善上海现代航运服务体系方面迈出了坚实的一步。2011 年,根据上海市政府关于上海国际航运中心建设 2011 年重点工作安排的要求,上海市交通运输和港口管理局会同上海市工商局延续首轮航运经纪准入试点做法,于 3 月 16 日在北外滩启动第二轮国际航运经纪企业准入试点工作。4 月 2 日,上海市交通运输和港口管理局召开了“上海航运经纪执业人员执业资格考试专业科目考试专家委员会及其工作小组”成立大会,建立了业界资深人士和专家学者等组成的航运经纪执业人员执业资格考试专业科目考试专家委员会。上海市交通运输和港口管理局委托上海国际航运研究中心建立上海航运经纪执业资格考试专业试题库,撰写和完善专业课考试大纲和教材，并支持上海国际航运研究中心组织开展考前专业课培训。5 月 14 日，上海航运经纪执业资格考试成功举行。5 月 27 日，2011 年上海航运经纪执业资格考试工作圆满结束，实现了多项创新和探索。一是理念创新，确立了“最后一公里”执业入门教育的理念，消除业界对航运经纪执业资格考试制度的抵触态度。二是机制创新，凝聚了一支权威的航运经纪业专家支持团队，充分适应国际航运经纪执业资格考试专业性、实务性和国际化特点。三是“产品”创新，形成了系统的航运经纪执业资格考试大纲和培训讲义，为航运相关企业开展内部执业教育提供重要参考。四是方式探索，重视实务经历，注重英语和综合能力，实践以行业需求为本的理念。第二批航运经纪准入试点，进一步推动了航运经纪准入的制度化和规范化，进一步完善优化了航运经纪准入流程。

航运交易行业仍然有许多需要完善之处：

①市场交易范围应进一步扩大。目前，国内航运交易主要围绕海上运输供需交易这一基本市场展开，具体包括租船经纪、船舶买卖交易以及运价衍生品交易等内容，而在航运工业、航运技术、航运劳务、航运信息、航运金融等相关市场领域交易服务应进一步发展完善，扩大市场交易范围，完善交易服务规范。

②交易相关服务欠缺。从目前上海国际航运交易服务平台的服务内容上看，主要是航运指数、船舶交易、洋山综合信息服务平台、上海国际航运信息中心、金融服务以及海事仲裁五个主要板块。从服务的对象上看，主要服务于从事海上运输供需交易的市场主体。然而，国际航运其产业链复杂、涉及主体很广，上海若要成为国际性的航运中心，尤其是以高端服务业的发展为核心的航运中心，仅凭服务于运输供需交易的基本主体是远远不够的。

③航运交易有待不断专业化和规范化。主要表现在：人员素质普遍不高，交易经纪服务层次较低。由于航运交易的经纪服务起步较晚，从事航运经纪业务的人员也依旧是以传统的船舶经纪人为主，即为委托人安排货物通过船舶进行海上运输，或者从事船舶买卖交易。而在保险经纪、船舶融资交易经纪等方面的航运交易经纪人相对缺乏；航运交易经纪缺乏市场监督和规范。由于我国航运经纪业缺乏行业技术指导和有效监督交易行为的市场环境，国内航运经纪从业人员还存在交易行为不规范的问题。

④航运交易市场有待规范。目前船舶交易中依然存在船舶交易信息不透明、交易手续不规范等问题，中介机构自定船舶经纪收费标准，损害船舶买卖双方的利益。有必要规范船舶交易，沟通市场信息，制定船舶交易管理规定，明确交易各方的职责，搭建规范、透明、有序的船舶交易市场。

⑤区域航运信息网络有待建设。航运交易行为可产生大量信息，通过交易信息的整

理与发布，能进一步促进交易，使得市场的辐射能力增强，进一步带动航运交易规模在更广范围内扩充、市场水准在更高层次上提升。然而，目前上海所处的长三角地区，在有关航运交易信息网络系统建设上还存在“建设进程缓慢、信息集成度不高”的问题。航运信息交易这一项复杂的系统工程存在“孤岛现象”，特别是长三角地区航运信息一体化建设严重滞后。虽然长三角地区及长江干线港口均陆续建立集装箱 EDI 系统，各个港口、海关、商检、检疫、海事、边检等也正在或分别建立了独立的信息系统，且信息化水平较高，但相互之间互不联网、代码独立、孤立分散，必然难以提高整体和综合效率。由此可见，区域内航运港口信息网络一体化建设依然任重道远。

⑥全国性交易平台尚未建立。现有船舶交易市场规模大小不一，集聚性差。目前已注册成立的有形船舶交易市场分散在浙江、上海、安徽、广东、福建、重庆等地。由于全国各个交易市场各自占领一定的交易区域，交易信息人为割裂，在全国航运交易信息的采集也未能顺利开展，航运交易资源未能很好整合。

⑦航运经纪企业税收负担较重。航运经纪企业普遍认为对其征收 5% 的营业税及其 13% 附加，不合理。企业所得税和个人所得税也比境外高出许多，税负负担较重。而且，尽管航运经纪业对上海国际航运中心建设具有重要意义，至今为止，航运经纪企业在我国不享受任何税收优惠。而其他国家和地区，不仅没有营业税，例如新加坡于 2010 年 4 月起，特别对航运经纪公司和远期运费协议（FFA）交易商，将原 17% 的企业税率进一步降低为 10%，为期 5 年。为此，豪罗宾逊公司总部、克拉克森公司干散货船经纪小组等分别从英国伦敦和中国香港迁至新加坡。百利马船舶经纪公司也在新加坡开设新的办公室，扩充原有新航运经纪业务。

⑧航运经纪人才认定标准缺失。航运经纪人才流动性较快，目前上海航运经纪人很多是香港人和新加坡人，这些航运经纪人才面临人才认定的问题，尽管他们是国际知名航运经纪公司头牌航运经纪人，按照现有上海人才认定标准，航运经纪人才的认定还受到一定制约，在航运经纪人落户、子女上学等还遇到一些问题，亟须给予一定优惠待遇，否则将不利于航运经纪人才的引进，不利于航运经纪本土化发展。

⑨航运经纪人才培训机制有待完善。航运经纪业务专业性强，涉及面广，需要具有航运、金融、贸易、法律等方面的专业知识，以及熟练的英语口语能力。具有良好信誉与高素质的航运经纪人不仅能够加快航运市场的信息交流，而且有利于航运交易的高效运作，促进交易市场的规范发展。国际上大部分航运经纪人都具有较强的航运专业背景，熟悉航运业务以及各地区的法律法规，具有较高的英语水平，并具有高尚的职业道德和敬业精神。目前上海本地的航运经纪人队伍素质与国际水平相比，差距还较大，且在服

务观念传统方面,航运经纪人行业尚未形成规范化、专业化、国际化水平的发展环境。航运经纪人的培养与市场需求脱节,人才培训机制不完善。上海还没有建立具体的航运经纪培训模式,也没有具有较高水平培训航运经纪方面的专门机构,航运经纪人的培养模式还跟不上市场需求,缺少人才梯度的培养体系。若以上问题长期得不到妥善解决,即便航运经纪公司纷纷成立,对上海国际航运中心建设也发挥不了预期的作用,最终将导致希望以上海作为地区总部的重要航运经纪公司被"赶到"新加坡等有吸引力的国际航运中心,建立基地。

(4)航运教育与培训行业

目前上海基本形成了良好的航运教育体系,从事航运教育的高等院校主要以上海海事大学为主,上海交通大学等也开设了有关航运类专业,其次是上海港湾学校、上海交通职业学院(东校区)、上海海事职业技术学校、上海民远职业学院、上海立达职业学院等民办职业院校均有开设航运类专业,此外上海一些大型港航企业集团也开办了学校,教育培养各类航运人才。

中国海运集团具有专业的培训机构和师资力量,有完备的培训设备设施,开设了船员各级职务晋升的适任证书考前培训和各类专业、特殊证书考前培训等培训项目,为船员持续地晋升职务和拓展技能提供了良好的条件。目前,开设各类专业 37 个,拥有专任教师 165 人,在校学生数达 7600 多人,其中水上专业学生 2620 多人,每年为中国海运集团和社会培养、输送各类航海应用型人才。同时,开设各类船员培训项目 120 多项,每年为中国海运集团和社会培训船员 27000 人次左右,教培机构占地总面积 99459 平方米,固定资产达 1.48 亿元。

随着我国航运服务业市场快速发展,航运教育与培训也存在一些问题:

①教育模式有待完善。航运复合型人才结构、总量和整体素质需要优化和提高。特别是熟悉航运金融、航运咨询、海商海事、国际公约、航运交易、邮轮管理、空中交通等领域的复合型人才较为紧缺。我国的航运教育目前存在重专业轻基础,重理论轻实践的现象。同时,由于学生基础薄弱,对专业知识的认识比较肤浅,这样的培养模式对于上海建设国际航运中心也是不利的。航海教育的实践教学环节是培养高素质船员的重要环节。为此国际公约增加了实操评估项目考试,旨在提高船员的实操技能。实践教学的正常开展,就需要航海院校加大投资,完成实训教学资源的有效配置,建立建设船员基本技能训练基地、航海和轮机专业实训基地,配备航海模拟器和轮机模拟器、适航的实习船舶等。而目前在上海地区的高校中包括上海海事大学在内的航海院校和培训机构在实践教学的设备设施配备方面还有待进一步完善。

②教育专业化有待加强。航海教育主要培养从事国际海上运输、符合国际标准且在国际航运人才市场上具有竞争力的专门人才。全面履行国际海事组织制定的 STCW78/95 公约是航海类专业毕业生适任上岗和参与国际航运人才市场竞争的基本和必备条件。为了保证高级航海类人才在国际航运市场上的适任性和竞争力,必须按照统一的国际标准培养船员。成功的航海教育应该具有鲜明的岗位适任性、法律规范性、国际通用性、海上国防性等特征。目前上海的航运教育应朝着这个目标努力。

③专业培训机构不足。近几年以来,世界航运市场迅猛发展导致海员缺口较大,上海涌现大批航海教育培训机构。几所传统的航海院校在国家高校扩招政策和市场需求的双重推动下,招生人数也在成倍增长。目前主要存在的问题是:航海教育培训机构的分布和发展不均衡,实践教学资源的不足是制约航运人才培养的“瓶颈”;在职培训投入不足,人才的知识更新速度缓慢,不能及时跟踪和把握现代科技和管理的最新发展动态。同时,用工企业无法承担所有项目人才的培训,如公估公算师、验箱师等航运技能人才培训需要投入大量资金,仅靠企业很难完成。

(5)航运信息与咨询行业

航运信息咨询业作为航运服务业中重要的组成部分,其健康发展对航运服务的发展至关重要。航运信息贯穿于航运服务产业的各个领域、各个环节,如市场供求信息、运价指数信息、船舶动态信息、货物舱单信息、港口作业调度信息、商品通关信息、政策发布信息等。航运信息中心建设,重点在于通过汇集、整合各类信息资源,并进行价值再创造,对航运市场的健康发展做出引导,从而提升资源配置效率和航运服务的层次和质量。通常提到的信息化建设和海运信息中心建设应有所区分,信息化建设作为提升效率的工具,重在硬件,而信息中心建设则是合理的开发和利用信息资源,并创造价值,重在软件。

在欧洲,集聚着一些世界著名的航运研究咨询业机构,如:劳氏海运信息公司(Lloyd's MIU)、CLACKSONS 公司、波罗的海航运交易所等,这些机构的研究能力支撑着其在世界海运市场的话语权,发布的海运市场信息左右着国际海运市场的发展势态。以伦敦为例,伦敦是国际海运信息中心,有多家中介组织提供有效准确的海运信息,劳氏船级社、德鲁里咨询社等机构,都能提供权威性的海运信息,向全世界传送海运与贸易的信息;LMIS(劳氏信息服务公司)的数据库有 8 万艘船舶的信息,并对其中 3.5 万艘国际海运船舶进行动态跟踪;信息类出版物更是种类繁多。

相对而言,上海作为中国航运发达区域,其航运信息咨询业的发展,没有得到足够的重视,应有的社会地位尚未形成,其提供的服务没有被广泛接受,导致没有形成独立研究产业,面临知识瓶颈。在当前我国的市场环境下,航运中心建设还比较浮躁,缺乏平静的研究心态,比较热衷于大规模硬件设施的建设,过分追逐眼前利益,忽视了科研学术能力的提升。浮躁的学术氛围和相对不足的航运研究能力不利于国际航运中心的软实力提升,从而制约了上海国际航运中心的建设与可持续发展。

总体来看,上海航运信息繁杂,数据没有统一的规范和标准,缺乏有效整合,又没有成熟的中介服务组织来规范、整合信息,信息的公开、收集、传播不具有成熟的法律环境,造成了国内航运信息不具权威性。目前,上海有效的航运信息质量与国际水平还有差距,航运信息的传播渠道不能满足市场的要求,社会上的中介信息机构缺乏,没有构成对公共机构的补充;导致航运服务的种类和质量需进一步提高。具体问题表现在以下方面:

①信息发布缺乏权威性。各类海运数据分散,缺乏标准化的国际性数据。目前上海各类咨询机构自身发布一些航运信息和咨询报告,影响力很小。国内外航运企业对上海研究机构的信息数据信任度较低,对有些重大的政策支持等问题不是很了解,因此,外资机构和国内航企对航运咨询业均不敢有大的投入。

②信息收集渠道覆盖面小,基础信息不详尽。目前上海的信息产品机构,包括上海市交通港航发展研究中心、上海国际航运研究中心、上海航运航交所等专业机构以及报刊、网站等媒体,在信息收集方面存在一定的局限性,目前信息来源大部分为国内,而非世界范围,且缺少一手的基础数据信息支撑;在基础信息库的建立方面,由于基础数据的种类、来源、统计方式不规范、不系统,难以组成强大的数据库系统。

③信息产品的深度和多样性较差。同劳氏海运信息公司、CLACKSONS 公司等国际知名航运研究机构相比,上海的信息产品形式较为单一,如媒体、网站类企业仅专注于报业、期刊的新闻类信息,专业研究机构则致力于专项研究,行业协会仅服务于协会内部。由于缺乏基础数据的积累和整合,难以满足客户多样化的需求。以劳氏海运信息公司为例,其航运信息咨询产品种类齐全,例如其有 10 多种杂志期刊、10 余个相关网站和在线服务、近 20 种航运索引与指南、年会和会展论坛 30 份左右以及 12000 余份公司报告可供下载,并且每月以超过 400 份报告的增长速度来进行市场分析、标准制定、商船队建模、可行性分析、企业合作或政府的战略研究等专项研究。

④信息的公开性很弱。在国外,信息的收集、公开、传播具有成熟的法律环境,数据统计有统一的规范和标准,为基础信息的加工整理提供方便。上海与国内其他区域一样,行业数据的公开性很弱,严重影响了信息的发布和科研水平的提高;另外,不同的部门在统计方法、统计口径上存在不一致的地方,缺乏规范。

⑤信息传播的国际化程度和信息咨询的国际认可程度低。国内的信息传播范围大

部分仍局限在国内，一方面因为国内信息产品的价值局限，在国际上需求较少；另一方面，由于存在语言问题，国际传播受到限制。国内信息公开、加工的法律环境尚不能适应需求。在国外，信息收集、公开、传播具有成熟的法律环境，数据统计有统一规范和标准，为基础信息的加工整理提供了便利条件。但在国内，除政府统计部门外，其他机构、企事业单位没有深入生产企业收集数据的权限；专业调查公司难以深入企业获得详细信息；部分对企业经营具有指导意义的统计数据未能公开发布，企业获取的权威信息量少且不深入。

⑥信息咨询相关产业的共生发展不够。国际著名的信息、咨询机构，其信息产业的发展不是孤立的，围绕着信息、咨询等相关领域的产业拓展为企业拓宽了服务领域，也提升了核心产业的国际竞争力。相比之下，上海的信息咨询行业在多元化发展方面实力较弱，产业运作模式单一，未能形成资源整合和产业链式发展，共生效应未发挥。

## 3.3　我国现代航运服务业发展存在问题及前景

### 3.3.1　我国现代航运服务业发展存在问题

总体来看，当前我国现代航运服务业具备了相对完整的产业体系，但尚未形成多层次、全方位的航运服务体系，尤其是在航运经纪、航运信息、航运咨询、航运金融、航运保险、航运商务、海事法律服务等行业发展相对不够完善，无法形成与我国国际航运中心发展相适应的航运服务软环境功能。在传统航运服务业方面，仍然沿用传统经营方式，市场主体竞争力差。由于传统航运服务业大多为劳动密集型产业，门槛低，规模化效益不是很明显，企业存在较为突出的“小、散、弱”问题，服务水平和能力较低，网络化、国际化经营水平落后等问题。这样不仅造成资源浪费，同时也不利于支持航运主业及高端航运服务业的发展。

并且，在产业集聚方面，其依托的发展环境有待完善。世界著名的国际航运中心的形成均与政府为其创造的良好的支持保障体系分不开，例如，高效的口岸服务环境、完善的自由港政策、自由的货币政策以及优惠的船舶登记政策等。中国香港和新加坡都采用高度自由的港口经营管理模式，提供各种便捷和优质服务，使外来船只和货物可以在最少限制下自由地进出、销售和转运，对经济活动基本上采取自由放任的“不干预”政策。

与世界著名航运中心相比，我国航运服务业等软环境方面差距仍很明显，国际化程度较低。如上海国际航运中心航运业及其相关产业主要集中在与货物运输直接相关的船舶运输业及货运代理、船舶代理等航运辅业上，而高端航运服务业的航运金融、航运保险、航运信息、海事仲裁与法律服务等现代航运衍生服务业群尚未形成。

### 3.3.2　我国现代航运服务业发展前景展望

加快现代航运服务发展，形成现代航运服务产业集群，促进高端航运服务产业集群发展，加快传统航运服务业升级转型，促进航运服务产业的集聚及融合，形成多增值、强辐射、高融合的现代航运服务业集群体系。从未来发展来看，我国现代航运服务业发展将重点放在以下方面：

第一，加快建设航运服务集聚区（如国际航运中心、自由贸易试验区建设等），这些是现代航运服务业发展的重要抓手和载体，已成为各界的共识。聚焦系列优惠政策，则是航运服务集聚区全面、协调、可持续发展的关键所在。未来将明确航运服务业集聚区布局，形成错位发展的航运服务业集聚区。通过产业集聚，形成具有竞争优势的经济群落，加强辐射，降低企业运作成本，提高企业运作效率。利用航运服务集聚区及其周边地区发达的航运商务条件，充分发挥航运服务集群的先发效应，加快航运服务核心功能的集聚，强化航运服务功能的辐射。

第二，完善航运服务体系，重点发展高端航运服务业。尽快使航运服务功能从较低层次、较少门类、各个服务行业各自发展，向较高层次、门类逐步齐全、各类服务协同发展的方向转变，必须重点发展与船舶交易、船舶检验及注册登记、海事处理等相关的各类服务业；重点突破知识型、高附加值的服务项目、引进和大力培育发展能满足国际航运中心建设要求的航运金融与保险、航运经纪人、公估公证、船舶检验、海事法律咨询和海事仲裁、船舶信息等服务功能。

第三，政府积极实行产业倾斜政策及配套实施。通过优惠政策努力争取英国伦敦、新加坡等航运金融和保险机构在我国开设分支机构；积极争取外资航运金融、法律和保险机构的地区总部、业务总部、营运中心等落户或迁移到我国航运服务业发展优势地区；鼓励国内已有的金融、法律和保险机构进入航运服务领域，并将其总部、业务总部、资金运营总部、区域总部以及数据处理中心等落户或迁移到我国航运服务业发展优势地区。政府对航运服务集群内的各行业的行业政策要具有同步性和相互适应性。协调好航运服务集群内的行业分工、协作和集聚，消除不同部门之间的行政分割障碍。

第四,加强航运服务产业集群发展形态和制度建设。我国将在航运服务集群发展中,要加快形态和制度建设,超前规划和适时调控相关中央商务区、商业区等外部形态建设,而且特别要利用上海自由贸易试验区改革开放先行先试的优势,采取措施,以改善航运商务软环境。

第五,构筑专业人才高地,培养与实践相结合的高层次航运服务人才。发展现代航运服务业,人才是关键决定因素,大力引进海内外高级航运服务人才,全面推进我国现代航运服务人才的交流合作。在我国开辟国际航运高级人才交流市场,加快国际航运紧缺人才工程的建设,使高层次航运人才在促进集群创新中,分享创新资源,使高校和科研机构成为航运服务产业集群创新的知识源泉。

# 第4章 CHAPTER 4

# 我国现代航运服务业配套政策

## 4.1 我国现代航运服务业配套政策情况

### 4.1.1 现代航运服务业发展的政策环境分析

发展现代航运服务业需系统、深入审视我国基础和优势，判断和把握航运市场的机会与挑战，因为现代航运服务业的发展水平是航运“软实力”的集中体现，受到相应发展政策的影响。目前，国家在国际航运中心、“一带一路”倡议发展及自贸区建设等方面为现代航运服务业发展创造良好的环境，具体如下：

(1)国家“一带一路”倡议的内容及思路

2013 年9 月7 日，习近平总书记在哈萨克斯坦纳扎尔巴耶夫大学发表演讲时提出共同建设“丝绸之路经济带”。2013 年 10 月 3 日，习近平总书记在印度尼西亚国会发表演讲时提出，东南亚地区自古以来就是“海上丝绸之路”的重要枢纽，中国愿同东盟国家加强海上合作，使用好中国政府设立的中国—东盟海上合作基金，发展好海洋合作伙伴关系，共同建设21 世纪“海上丝绸之路”。2014 年 3 月 5 日，李克强总理在政府工作报告中也指出，要抓紧规划建设丝绸之路经济带、21 世纪海上丝绸之路，推进孟中印缅、中巴经济走廊建设，推出一批重大支撑项目，加快基础设施互联互通，拓展国际经济技术合作新空间等。

我国推动“一带一路”倡议着眼于构建人类命运共同体，致力于维护全球自由贸易体系和开放型世界经济，致力于亚欧非大陆和附近海域的互联互通。从我国自身发展来看，一是推动我国进一步改革开放，形成“东出西进”的对外开放新格局。继续发挥海上大通道的作用，积极打造向西开放的桥头堡、加快推进延边地区开放。二是形成产业分工合作新体系，拓展发展空间。以基础设施互联互通为基础，推动产业融合发展，提升贸易金融合作水平，促进科技人文交流。三是增强我国经济发展的保障力度。通过加强与资源、能源国家的合作与合营，提高石油、铁矿石等战略资源的保障力度。通过中巴、中孟印缅、亚欧大陆桥和海上现代化战略大通道以及海外重要战略节点的建设，提高外贸进出口通道的安全保障程度。

“一带一路”是以政治互信、合作共赢、文化包容为核心价值观，构建开放型经济新体制、形成全方位开放新格局的战略实践。“一带一路”将坚持“陆海统筹、内外结合、一国一策、互利共赢”的基本原则，以中巴、中孟印缅、亚欧大陆桥和海上现代化战略大通道为重点，充分利用现有双多边合作机制，依托沿线城市、重要枢纽和产业园区有序布局一批战略支点，以点带面、从线到片，加强平台建设，注重早期收获，实现基础设施互联互通，推动产业融合发展，提升贸易金融合作水平，促进科技人文交流，着力扩大对周边地区辐射影响，提高通道安全和资源供给保障水平，打造与沿线国家的利益共同体和命运共同体，为实现中华民族伟大复兴的“中国梦”提供有力支撑。

(2)以国际航运中心建设为契机的“国际航运发展综合实验区”建设

以上海建设中国国际航运中心为契机，大连、天津、厦门等相应建设区域性的国际航运中心为导向，应用“国际航运发展综合实验区”为平台，实现政策的突破和创新。以上海为例，建立国际航运发展综合试验区将在税收制度、海关监管制度、海外资金结算制度、金融管制、解决航运高端服务业等发展中的制度性障碍等方面进行创新。对加快上海国际航运中心建设、加快上海向国际中转港转型，具有十分重要的意义。

一是为上海开辟了航运政策集成创新的特殊空间。在中国特色社会主义制度下建设国际航运中心，是没有先例、没有可供借鉴的伟大事业，在借鉴乃至移植国外成功经验时，需要突破我国原有体制和机制的制约，有可能成功，也有可能失败，这就需要进行必要的试验。由于航运政策往往与其他方面的体制、机制、政策相关联，需要集成推进，但因体制等方面的原因，航运政策创新和试验一般都是独立的、单项或某几项分别创新，很难在一个大的空间范围内或集成式试验创新。国务院关于促进上海“两个中心”建设的发展思路，赋予了上海探索建立国际航运发展综合试验区，也就为上海开辟了航运政策集成创新的特殊空间。

二是确立了上海在全国航运中心建设体系中的先行和示范的领先地位。除上海国际航运中心以外，我国政府已经批准建设大连东北亚国际航运中心、天津北方国际航运中心、重庆长江上游航运中心、厦门东南国际航运中心等。这些航运中心如何发展，如何实现更大的改革和开放，如何提升国际竞争力，已经成为有关政府部门和研究机构思考的重大课题。建立国际航运发展综合试验区，重点发挥上海在全国航运中心建设体系中发挥好先行和示范作用，以引导其他航运中心健康发展。

三是有利于进一步缩小与发达国家在航运政策和航运市场环境方面的差距。西方发达国家是在13世纪大航海之后，依靠世界海运业带动一系列产业发展和市场培育与拓展,对航运的重视程度和政策支持力度都远在我国之上,长期探索积累的政策优势至今都左右着世界航运业的发展,特别是在重视市场作用、发挥市场调节机制、完善市场环境方面都有符合这些国家自身特点的比较成熟的经验。相比之下,我国的差距较大。建立国际航运发展综合试验区,在借鉴发达国家(地区)支持航运支持成功经验方面,加快发展速度,并逐步向纵深推进,从而进一步缩小与发达国家在航运政策和航运市场环境方面的差距。

四是有利于提升上海国际航运中心的综合竞争力。建立国际航运发展综合试验区,加快国际航运中心建设,大力提升上海国际集装箱枢纽港功能,可进一步推动上海参与国际航运竞争,提升我国在国际航运和全球经济中的地位,有利于形成我国航运竞争力,提升上海国际知名度。其中,通过综合试验区的政策落地,将加快上海向国际中转港转型,对确立上海港"东北亚国际枢纽港"的地位具有重要意义;通过促进在航运服务业建设过程中一些优惠政策的先行先试,对加快建立综合航运服务体系将起到极大的推动作用;通过国际航运发展综合试验区实施税收制度、海关监管制度、海外资金结算制度、金融管制,解决航运高端服务业等发展中的制度性障碍等方面的政策创新,为航运企业提供更多的优惠或便利,有利于航运企业更好地开展业务和降低成本,吸引更多的航运企业来上海投资,有利于航运配套服务企业入驻上海。同时这将进一步激发国外大型航运公司在上海设立亚太区总部的热情。

通过"航运试验区"的示范作用,以及上海国际航运中心建设的先行先试,为我国航运产业升级和可持续发展创造良好的政策空间和市场环境。目前上海国际航运中心建设已进入新阶段,面临着新的战略提升需要,通过航运试验区政策的实施,上海国际航运中心建设将发挥如下"示范效应":一是从航运规模扩大为主,转向质量(效益)与规模并重;二是从硬软结合,以硬为主,转向软硬融合,以软为主;三是从港口建设为重点,转向发展与城市融合,二者并重;四是航运中心从辐射以长三角为主,转向整个长江流域,并成为全球航运资源的配置中心。"国际航运发展综合试验区"建设的主要目标为:培育形成具有世界先进水准的航运政策与制度创新的团队,形成科学研究和试验的推进机制,形成一批成熟的先行先试的示范基地,并针对上海国际航运中心建设发展的制约性障碍和瓶颈问题,持续形成航运政策和制度创新成果,最终成为我国航运政策和制度创新的"实验室"和"孵化地",以及国际航运中心建设的示范区。

(3)上海、天津等地自贸区建设在航运政策方面的创新突破

中国上海自由贸易试验区,是我国设立的第一个高级形态的自由贸易园区,于

2013 年 8 月 22 日经国务院正式批准设立，9 月 29 日正式挂牌。试验区总面积为 28.78 平方公里，范围涵盖上海市外高桥保税区、外高桥保税物流园区、洋山保税港区和上海浦东机场综合保税区等 4 个海关特殊监管区域。其中，上海市外高桥保税区是自贸试验区的核心区。根据上海自贸试验区的《中国（上海）自由贸易试验区总体方案》，涵盖了从贸易、投资、金融等一系列制度创新。天津、福建、广东自贸区相继设立，自贸区分布区域进一步扩大。总结现有四地自贸区的方案来看，其发展思路主要有以下方面：

一是推动贸易转型升级。积极培育贸易新型业态和功能。鼓励跨国公司建立亚太地区总部，建立整合贸易、物流、结算等功能的营运中心。深化国际贸易结算中心试点，拓展专用账户的服务贸易跨境收付和融资功能。支持自贸区内企业发展离岸业务。探索设立国际大宗商品交易和资源配置平台，开展能源产品、基本工业原料和大宗农产品的国际贸易。扩大完善期货保税交割试点工作，拓展仓单质押融资等功能。允许和支持各类融资租赁公司在区内设立项目子公司并开展境内外租赁服务。鼓励设立第三方检验鉴定机构，按照国际标准采信其检测结果。试点开展境内外高技术、高附加值的维修业务。加快培育跨境电子商务服务功能，试点建立与之相适应的海关监管、检验检疫、退税、跨境支付、物流等支撑系统。

二是提升国际航运服务能级。探索形成具有国际竞争力的航运发展制度和运作模式。积极发展航运金融、国际船舶运输、国际船舶管理、国际航运经纪等产业。加快发展航运运价指数衍生品交易业务，推动中转集拼业务发展，允许有条件发展沿海捎带业务。利用中资“方便旗”船税收优惠政策，促进符合条件的船舶在上海落户登记。在试验区实行已在天津试点的国际船舶登记政策。简化国际船舶运输经营许可流程，形成高效率的船籍登记制度。

三是增强金融服务功能。推动金融服务业对符合条件的民营资本和外资金融机构全面开放，支持在试验区内设立外资银行和中外合资银行。允许金融市场在试验区内建立面向国际的交易平台。逐步允许境外企业参与商品期货交易。鼓励金融市场产品创新。支持股权托管交易机构在试验区内建立综合金融服务平台，支持开展人民币跨境再保险业务，培育发展再保险市场。

### 4.1.2　我国现代航运服务业配套政策实施情况

继提出“现代航运服务业”发展理念之后，相应配套政策也陆续出台，包括《关于加快现代航运服务业发展的意见》等,使现代航运服务业发展的政策框架、内容及相应措施进一步明晰。以下就目前出台的相应现代航运服务业配套政策情况介绍如下:

(1)《关于加快现代航运服务业发展的意见》为发展明确方向及战略思路

根据《关于加快现代航运服务业发展的意见》,提出到2020年基本形成功能齐备、服务优质、高效便捷、竞争有序的现代航运服务业体系。航运服务业是围绕航运业开展而形成的服务产业,其发展水平是航运"软实力"的重要体现,完善的航运服务业对带动社会就业、拉动相关产业经济发展、服务国民经济发展都将起到重要作用。该《意见》提出的"促进传统航运服务业转型升级、提升航运交易服务能力、创新航运金融保险服务、强化航运法律服务能力、提高航运信息服务能力、增强运价指数服务功能、强化船舶技术服务、完善航运服务业市场监管体系、国际交流与合作、完善航运中心服务功能"等主要任务,反映市场的巨大需求。

(2)以自贸区为平台,在现代航运服务业相关政策的突破创新

根据目前已实施的自贸区方案,自贸区对航运及其相关服务业的政策探索上,主要集中有三块业务,具体以上海自贸区建设为例,分别是:

一是允许设立外商独资国际船舶管理企业。为贯彻落实《中国(上海)自由贸易试验区总体方案》,在自贸区试点扩大国际船舶运输和国际船舶管理业务外商投资比例,保护投资者合法权益,经上海市交通运输主管部门批准,在自贸区设立的外商独资企业可以经营国际船舶管理业务,不再对国际船舶管理公司的外资份额进行限定。

二是适当放开沿海捎带业务。在上海自由贸易试验区实施沿海捎带试点政策,允许中资航运公司利用自有或控股拥有的非五星旗国际航行船舶,先行先试外贸进出口集装箱在国内开放港口与上海港之间(以上海港为中转港)的捎带业务。

三是放宽国际船舶运输企业的外资股比限制。放宽中外合资、中外合作国际船舶运输企业的外资股比限制,由交通运输主管部门制定相关管理试行办法。

自贸区平台为发展现代航运服务业创造了创新和实验的平台,从上述相关政策的试点来看,取得一定程度的效果,为下一步制定相关政策提供了依据和参考。2015年,交通运输部制定发布了《关于在国家自由贸易试验区试点若干海运政策的公告》,贯彻落实国务院印发的关于广东、天津、福建自由贸易试验区总体方案以及关于进一步深化上海自由贸易试验区改革开放方案,推进上述自由贸易试验区海运试点政策顺利实施,明确了五个方面的政策实施举措:一是,经国务院交通运输主管部门批准,外商可在上海自由贸易试验区设立股比不限的中外合资、合作企业,经营进出中国港口的国际船舶运输业务,其中,在上海自由贸易试验区可设立外商独资企业,在广东自由贸易试验区可设立

港澳独资企业；二是，经国务院交通运输主管部门批准，在自由贸易试验区设立的中外合资、合作企业可以经营公共国际船舶代理业务，外资股比放宽至51%；在自由贸易试验区设立的外商独资企业可以经营国际海运货物装卸、国际海运集装箱站和堆场业务；三是，经自由贸易试验区所在地省级交通运输主管部门批准，在自贸区设立的外商独资企业可以经营国际船舶管理业务；四是，在自由贸易试验区设立的中外合资、合作国际船舶运输企业，其董事会主席和总经理由中外合资、合作的双方协商确定；五是，注册在境内的中资航运公司可利用其全资或控股拥有的非五星红旗国际航行船舶，经营以自贸区开放港口为国际中转港的外贸进出口集装箱在国内沿海对外开放港口与自贸区开放港口之间的捎带业务。

(3)利用航运中心的政策试点，发挥对现代航运服务业相关产业的集聚效应

国际航运中心是航运业的产业集聚、政策创新的中心。从发展来看，航运业正在经历服务创新和组织创新，促使资源整合能力的提升、运输装备水平的提高和相关标准和规范的完善，促进航运业服务品牌的形成和经营管理方式的转变，提升服务能力和水平，逐步实现向航运业发展的转型和升级，从而满足现代物流发展对其在效率、成本、安全、服务等方面提出的更高要求。

当前，世界主要港口城市都把发展现代航运服务业作为提高港口核心竞争力、延伸港口服务功能、拓展港口发展空间、提升港航产业价值的重要手段。充分利用航运中心在港航条件、历史文化方面的优势，大力发展现代航运服务业，使现代航运服务业成为我国现代服务业发展的特色产业和龙头产业，并进一步与先进制造业形成互动发展的局面。这样不仅有利于突出现代服务业发展特色，而且将衍生大量相关的新兴产业，带来强大的乘数效应。这既是我国调整和优化产业结构、提升产业竞争力的必然要求，更是促进沿海经济发展与人口、资源、环境相协调，实现全面协调可持续发展的必然要求。

## 4.2　船舶登记及邮轮经济在现代航运服务业发展中的作用

### 4.2.1　船舶登记在现代航运服务业发展中的作用

(1)船舶登记的相关内容概述

船舶国籍指船舶所有人按有关船舶登记的法律规定，在一国船舶登记机关进行登

记,依法取得船舶登记国对于船舶隶属于船舶登记国的法律上的确认和从属关系。船舶国籍证书是船舶国籍法律上的证明,船舶悬挂的国旗是该船舶国籍的外部象征或标志,船舶所有人办理船舶所有权登记的港口称为船籍港。

船舶国籍具有国际法的意义。根据《海洋法公约》第91条规定,任何在公海上航行的船舶,都应各有其国籍。船舶在公海航行接受船旗国的主权保护,同时受船旗国的法律监督。此外,船舶国籍还具有国内法的意义。悬挂一国国旗的船舶享有在船旗国的领海海域和内海自由航行权,可以在船旗国水域内进行捕鱼、海底勘探和开发,也可以享受船旗国在海运、税收及造船补贴方面的优惠政策。

世界上主要有两种船舶登记制度,即封闭式和开放式。封闭式登记制度(close)的登记国要求严格,包括要求船舶所有权属于本国或本国居民,本国资本要求至少占50%;全体船员为本国国民或本国船员至少占50%;在该国特定的港口进行登记;船公司或主要办事处在本国国内。此外,实行严格登记制度的国家还对在该国登记的船舶船龄、技术性能等作出严格规定,并要求船舶只能拥有一国国籍。当前采用这种登记制度的国家有中国、韩国、日本、美国等。开放式登记制度,分为三种,具体如下:

第一种是真正的"方便旗",其特点是:①允许与本国没有联系的船舶在其国内登记,即允许船旗国与船舶所有人所属国分离;②提供对船东宽松的登记条件和快捷的登记程序,同时船舶转换船籍十分容易;③取消对船东及船员国籍的限制,允许船舶拥有双重国籍以及避免了复杂的税收等;④对船舶采取放任的监管态度;⑤船籍国大多是发展中国家,经济比较落后,靠收取船舶登记费和年费来弥补外汇收入的不足。船舶悬挂该种旗帜,称之为"方便旗"(Flag of Convenience)。这样的"方便旗"国主要有巴拿马、利比里亚、塞浦路斯、马耳他、洪都拉斯、百慕大群岛、柬埔寨、斯里兰卡、马绍尔群岛等。

第二种是"准方便旗",船舶在这些国家或地区登记同样能够享受到免税或减税的优惠政策,然而与真正的"方便旗"国家相比,前来登记的船舶必须严格遵守船籍国的国内法和国际公约,同时船籍国对登记的船舶实施监管和审查制度,当然监管制度相对于封闭式登记国有所放宽。这类"准方便旗"的国家主要有新加坡、菲律宾等。

第三种是传统国家设立的"第二船籍制度",介于封闭式与开放式船舶登记制度之间,是传统海运国家在不改变原有的船舶登记制度的情况下,通过放宽严格登记制度下的登记要求以及提供优惠的海运和税收政策,在境外或国内港口设立的专门为吸引本国船东或外国船东所拥有的船舶前来登记并悬挂本国国旗的船舶登记制度。根据登记地的不同,又可以分为离岸登记制度和国籍船舶登记制度。目前实施这类登记制度的国家有希腊、英语、德国、挪威、法国、葡萄牙、丹麦、卢森堡等。

(2)船舶登记在现代航运服务业发展的作用分析

船舶登记关系船舶到港及船东、货方对地区航运发展的认可情况,而我国船舶大量的移籍海外的现状,不但与我国现阶段属于发展中国家的国情不相称,而且将在很大程度上影响我国的航运及相关产业的发展,影响海上安全、海洋环境和海运大国地位的提升等。具体影响主要有以下几方面:

一是不利于我国海运大国地位的提升。自我国第一支国际船队组建以来,经过50多年的发展,我国航运实力逐渐壮大。目前我国拥有船舶总吨位占世界总吨位的比例为7.69%,世界排名位于世界前三。然而我国船舶海外移籍情况依然严重。一方面,"方便旗"船队数量的增多导致海上事故发生率的上升,有损我国的国际形象;另一方面,海上实力的体现不仅是拥有船队的数量、吨位这些"硬实力",更重要的是相关产业的发展状况,包括二手船交易、船检、航运金融、保险、物流等的"软实力",而这些"软实力"的发展是以"硬实力"为基础的。如果我国船舶海外移籍的趋势不减缓或逆转的话,那么这些"软实力"的建设将无从谈起。

二是削弱了国家的宏观调控能力,危害国家经济及安全利益。随着我国经济的发展,我国对某些进口战略物资(如石油、铁矿石)的对外依存度不断提高,由于悬挂"方便旗"的船舶在法律上属于外籍船,如果外籍船舶承运我国大部分的战略物资,则无法保证我国海上运输链的安全。且我国无法对其进行监督管理,也不能在战争或者灾难发生时对其征用,因此"方便旗"船队的壮大、国轮船队的缩小不利于维护国家安全。此外,我国航运巨头企业,如中远集团、中海集团大都是国有企业,旗下的船舶属于国有资产,如果政府无法监督管理这些船舶,就无法掌握这些船舶的资产变动和营运能力等,那么就难以对我国航运业进行宏观调控,同时也造成国有资产和外汇的大量流失。

三是税费的大量流失。我国目前对中国籍船舶从事国际航运业所征收的税,包括进口关税和增值税、营业税、企业所得税、印花税、船舶吨税等其他税赋,符合海运协定和避免双重征税协定规定可以免除征税的除外。因此,我国船舶悬挂"方便旗",必定导致大量的税款流失。另外,流失的收入还包括船舶港务费、引航费、停泊费、灯标费检疫费、堆装费、系解缆费、理货费等诸多港口码头使用服务费。

## 4.2.2　邮轮经济在现代航运服务业发展中的作用

(1)邮轮经济相关内容概述

邮轮(Cruise 或 Cruise-ship),又称游轮、游船、远洋邮轮、远洋客轮、远洋客船、远洋班船、远洋定期船、巡航船、巡航定期船,是一种用于娱乐航海的客轮,航程及沿途的目的地与船上的设施均是提供游乐的一部分。现代邮轮上的生活、娱乐设施齐全,旅客可选择在海上、沿途停靠的港口城市或海岛附近进行观光游览。现代邮轮在 20 世纪 50 年代末至 60 年代首先在北美地区开始运营。经历了 50 余年的发展变化,现代邮轮逐渐演变为一个以大型豪华海上游船为载体,以跨国旅行为核心的快速增长的国际化产业。20 世纪 70 年代,邮轮公司不断建造专为邮轮旅游设计的新船,邮轮旅游随之成为一种重要的国际化现象。严格意义上的邮轮旅游是不包含任何商务和运输目的的一种水上旅游,是一种休闲活动。

邮轮产业(或邮轮业、航游业)指的是以大型豪华海上邮轮为载体,通过远近洋与环球航行的方式,以海上观光旅游为主,为乘客提供旅游观光、餐饮住宿、娱乐探险等服务的海上观光与休闲产业,它由运输业、观光与休闲业以及旅行业三个产业共同构成。邮轮产业是邮轮经济的核心产业,是运输业与旅游业的结合,更趋向于旅游业,其运行与发展是由邮轮乘客的消费而形成的,它以邮轮乘客的邮轮票价和额外消费的形式出现。现在的邮轮产业实际上是一种边缘产业。首先是运输业,通过邮轮把乘客从一地带到另一地(邮轮的本意正是如此);现代邮轮旅游出现的“飞机 + 邮轮”的组合模式,使邮轮乘客飞往某一港口登上邮轮或离开邮轮后再飞往另一地,此时邮轮承担一部分的运输功能。其次是观光休闲,邮轮乘客在游轮上观看海景、娱乐休闲,邮轮本身承担的角色为“流动的旅游目的地”。最后为旅行业,在一次邮轮航线上,邮轮停靠多个观光景区附近的港口,实际上是为乘客提供观光游览服务。

(2)邮轮经济在现代航运服务业发展的作用分析

邮轮经济是指由于邮轮产业的发展而推动、拉动相关产业的发展,形成多产业共同发展的一种经济现象。邮轮经济有广义与狭义之分:广义的邮轮经济是指邮轮建造及其相关产业、邮轮产业、邮轮码头区域的相关产业,几乎涉及所有与邮轮相关的产业;狭义的邮轮经济是指因邮轮的抵达、停靠和离开所推动的邮轮码头所在地区相关产业的集合。因此,邮轮经济可理解为是以海上巡游的豪华邮轮为其明显的识别特征,依托母港与停靠港及其所在城市的各类资源,主要推销豪华、舒适的生活品质,以邮轮旅游产品为核心向上下游领域延伸,构成跨区域、跨行业、多领域、多渠道的投入产出形式,由于现代邮轮产业兴起而带动相关产业发展的一种经济现象。

实践证明,邮轮经济的发展对于所在城市乃至国家的经济发展具有非常积极的意义。从全球相关城市和港口的统计分析发现,邮轮产业构成的经济价值链已经成为社会经济发展的基础。据统计,邮轮母港的经济收益往往可以达到一般停靠港的 5 ~ 10 倍。

就无形资产而言,其影响将更大。近年来,世界邮轮发展迅猛,年均增长速度达到8%～10%,邮轮产业因此也被称为“漂浮在黄金水道上的黄金产业”。

邮轮产业对于区域经济的直接贡献是指邮轮产业对于区域经济初始或第一轮影响。在此类贡献中,邮轮产业的产值往往直接进入当地经济的总产值。在数值上等于接受邮轮消费的其他产业的收益。对政府财政收入的直接贡献包括税金、关税、各种许可费以及游客直接支付的其他税款(如机场建设费、国际游客通行费等)。对社会的贡献大致分为两部分:一部分是船舶本身的消费,如邮轮建造、维修费用,日常经营费用,油料添加费用,码头泊位使用费,进出港银行费用,船上消费品采购费用,淡水添加费用等。另一部分是游客及船员的消费,包括饮食、区域内交通(公共汽车、出租车、轮渡等)、观光游览费用,娱乐费用(酒吧、剧院等),景点参观费用,购物消费等。从国外的统计结果来看,无论是邮轮本身,还是船上人员的消费量都十分惊人。

邮轮的间接贡献是指邮轮产业带动其他相关产业发展对于当地经济发展的贡献,也就是邮轮消费后产生的第二轮消费对于区域经济的影响。具体表现在两方面:一是获取邮轮、游客消费的公司和机构还会接受其他各类供应商和第三产业的服务;二是这些相关产业为了满足邮轮产业的要求还要雇佣相当数量的人员,从而产生更多的就业岗位。这些间接影响不断地向上和向下传递。可以说,每一个相关行业都会不同程度地受到邮轮、游客最初消费的影响。

邮轮经济涉及现代航运服务业的多个产业门类,从邮轮产业链发展来看,包括邮轮港口、邮轮建造维修等方面的主要内容,具体如下:

①邮轮港口。从码头结构上讲,邮轮码头与一般的客货运码头并无不同,事实上,一些港口的邮轮也临时停靠在货运码头,利用邮轮自带的栈桥为旅客提供上下船通道。而邮轮港口因为功能不同,分为母港和停靠港。邮轮公司在经营过程中会考虑母港与停靠港的选择,其两者的区别在于:母港一般是邮轮旅行的始发地和结束地,而停靠港是邮轮的旅行途径地;邮轮在母港挂靠时,需要大量补给物资配送,而停靠港则补给少量物资或无须补给;邮轮一般将区域性分布设在母港所在城市,而停靠港只设立小办事处或者委托当地旅行社办理相关事务;母港一般具有较深的水位和巨大的码头,可同时容纳多艘邮轮,停靠港则水位较浅,只有中型邮轮旅行才会靠港,巨型邮轮无法造访。世界级邮轮母港一般具备以下特征:港口条件优越,且码头和停泊设施现代化;城市经济发达,能满足游客所需的各种消费;本身是旅游胜地,且有丰富的周边辐射旅游资源;具备完善的海陆空交通网络,便于大流量游客集散;健全的出入关程序和口岸管理程序。

②邮轮建造维修。造船技术是邮轮建造的基础,从某种意义上代表了一个国家的工

业水平。从目前全球邮轮造船市场来看,法国、德国、意大利、芬兰、美国等传统造船强国基本垄断了全球的邮轮设计和制造,日本、韩国不定期会获得少量的邮轮订单。而作为造船大国的中国,目前在邮轮建造上基本处于空白。受制于技术和文化等多方面的因素,短期内中国很难在此领域取得重大突破。

③邮轮经营。邮轮经营是邮轮产业链条的核心。经过几十年的发展,目前全球已有邮轮公司近百家,其中在国际邮轮协会登记的有56家。邮轮公司之间实力差距较大,市场呈现垄断竞争的格局,全世界的邮轮市场近八成的份额被嘉年华邮轮集团公司、皇家加勒比邮轮公司以及丽星邮轮公司所垄断。其中,嘉年华邮轮集团公司更是以46%的市场份额执全球邮轮经营企业之牛耳。其他规模较小邮轮公司多从事固定航线、特定层次的邮轮经营业务,采取产品和服务差异化的策略,获得了一定数量的市场份额。总体上看,大型邮轮公司的经营规模有效降低了邮轮经营成本,引导着未来邮轮市场发展趋势。

④配套商业服务。邮轮到港消费,很重要的内容是餐饮、宾馆和配套服务。作为邮轮母港,起码要具备数家五星级酒店和相当数量的四星级酒店,以满足游客高质量的餐饮和住宿需求。邮轮母港对于服务业的水准要求非常高,能够为旅客提供全天候、多渠道的售票和保险业务。

⑤旅游资源和交通。邮轮产业对于港口后方的交通条件要求非常严格。凡是邮轮产业发展较快的地方,都有比较便利的交通运输条件,并且附近都有著名的旅游景点。旅游资源是否丰富,景区分布是否合理,景点是否密集,海陆空集疏运条件是否齐备,交通配套设施是否便利,与周边城市联系是否紧密等,都是制约一个港口成为国际级邮轮母港的重要因素。

⑥邮轮物资供应。其包括邮轮自身的补给与维修、油料的添加、生活必需品采购、淡水添置等。

⑦金融保险业务。其对邮轮经济的发展起着至关重要的作用,如为旅客提供保险,为船舶提供融资和保险业务等,是金融体系为邮轮产业服务的重要内容。完善且发达的金融体系是邮轮母港所应具备的重要条件之一。

# 第5章 CHAPTER 5

# 我国船舶登记及邮轮经济政策的现状及问题

# 5.1 我国船舶登记及邮轮经济政策现状

## 5.1.1 我国船舶登记政策发展现状

我国仍执行的是较为严格的封闭登记制度。在中国法律框架下,船舶取得中国国籍的方式是登记,船舶经登记取得国籍后,方有权悬挂中国国旗航行。中国不承认船舶的双重国籍,因此在光租情形下,从境外租进的船舶需要办理临时国籍登记,从中国租出的船舶应暂时中止中国国籍。此外,从境外购买或者向境外出售新造船舶、在境外建造船舶,也需要办理临时国籍证书。

在登记管理上,中国的船舶登记目前采用的是分散管理的形式,由设置在港口的水上安全监督机构负责具体船舶登记业务,中华人民共和国海事局负责船舶登记法规的研究、制定、修改及政策管理,并对下属机构进行业务指导。中华人民共和国海事局所属机构和各省、自治区、直辖市人民政府设置的水上安全监督机构共一千多个单位被确定为船舶登记机关。主管机关在授权各登记机关时,对其船舶登记的权限从所登记船舶的航区、船舶大小等方面做了限制。航区限制分为国际航行船舶、航行港澳线船舶、国内航行海船、国内航行内河船舶;船舶大小限制如50总吨以下、200总吨以下等。1000多个登记机关中绝大多数是仅限于办理内河船舶的登记,23个单位被授权准予办理国际航行船舶登记。

由于采取封闭式的船舶登记制度,大量国内船东登记为"方便旗",为吸引船东回国登记,为期两年、一次性的船舶"特案免税"政策于2007年开始实行,为符合条件的中国船东实际控制的船舶加入中国国籍提供一系列便利条件,鼓励中资外籍国际航行船舶转为中国籍,悬挂中国国旗航行,对符合条件的船舶回国登记免缴关税和进口环节增值税。然而这项制度在上海试点的效果并不理想,很多企业仍处于观望状态。2009年,中华人民共和国国务院有关意见:将中资"方便旗"船特案减免税政策的执行截止日期由2009年7月1日延长至2011年6月30日。

特案免税登记体系下的船舶可以享受几个方面的优惠待遇:一是船舶税收方面,无须缴纳关税和进口环节增值税;二是港口费收方面,在中国港口享受五星红旗船舶待遇,只交车船使用税,不缴纳船舶吨税,不强制引航;三是企业税收方面,登记在上海保税港区,由上海政府在税收上给予适当优惠。

2011 年 12 月 21 日,交通运输部海事局下文同意将“中国洋山港”作为一个新的船籍港,对注册在洋山保税港区的企业开展保税船舶登记业务。这是上海贯彻落实国务院 19 号文件精神,推进国际航运发展综合试验区建设的一项重要举措,也是借鉴航运发达国家和地区的先进经验,创新船舶登记制度的一次有益探索,对于上海建设国际航运中心和国际金融中心具有重要意义。在上海综合保税区管委会等相关单位的推动下,2012 年 4 月起,上海海事局一方面积极与交通运输部海事局、上海海关、中国船级社上海分社等部门沟通协调,一方面为“冠海朝阳”轮提供船舶登记、口岸、危防等全方位服务,有效保证了首艘保税港区船舶在“中国洋山港”成功登记。近年来,随着中国船队规模不断扩大,中资船舶在境外注册、悬挂外旗的比例不断上升,目前已占国际海运船队总吨位的 50% 以上。国内首艘保税港区船舶落户洋山,提升了洋山保税港区对航运资源要素的集聚能力,将促进航运金融等高端航运服务业的发展。同时,作为建立“国际船舶登记制度”的一次探索,这将实质性地推动中资船舶回国登记,使我国航运企业更为平等地参与国际竞争。

2012 年 9 月 6 日,首艘以“中国洋山港”为船籍名称的船舶——“冠海朝阳”轮完成了所有登记手续,标志着洋山保税港区船舶登记工作取得新突破,上海国际航运中心建设取得新进展。“冠海朝阳”轮为总吨 22837 吨,载重吨 35000 吨的散货船,原在境外登记。该船由交银金融租赁有限责任公司从境外买入后,采用融资租赁方式出租给在洋山保税港区注册的一家中资航运企业。在“中国洋山港”登记后,该船将悬挂五星红旗,从事国际航运业务。

2013 年 9 月 18 日,《中国(上海)自由贸易试验区总体方案》的通知要求,充分发挥上海的区域优势,利用中资“方便旗”船税收优惠政策,促进符合条件的船舶在上海落户登记。据此,2013 年 9 月 29 日,交通运输部发布的《交通运输部、上海市人民政府关于落实〈中国(上海)自由贸易试验区总体方案〉加快推进上海国际航运中心建设的实施意见》(交水发〔2013〕584 号)中提出了具体要求:在“中国洋山港”船舶登记政策的基础上,研究推动建立并实施便捷高效的国际船舶登记制度,简化国际船舶运输经营许可程序,适当放宽登记主体、船龄范围等登记条件,完善船员配备、登记种类、登记收费、船舶航行区域等登记内容,优化船舶营运、检验与登记业务的相关流程,促进符合条件的船舶在上海登记。此次《意见》明确提出要在中国(上海)自由贸易试验区创新国际船舶登记制度,与特案免税登记和洋山港船舶保税登记相比,更加明确提出船舶登记制度的发展方向。

2014年1月22日,上海海事局表示,《中国(上海)自由贸易试验区国际船舶登记制度试点方案》正式获得交通运输部批复同意。一方面,登记船舶所属法人注册资本中的外资比例可以高于50%,船舶船龄再放宽两年,且雇佣外籍船员只需向上海海事局报备即可;另一方面,设置两个船籍港,如船舶处于保税状态,则登记为"中国洋山港",如船舶处于完税状态,则登记为"中国上海",两个船籍港均享受国际船舶登记制度的各项政策便利。同时,登记种类也在现有基础上增加船舶融资租赁登记,根据实际情况还可适当增加必要的登记种类。在登记程序和相关配套程序上也授权上海海事局进行优化、完善。自此,"中国洋山"船籍港对船舶的吸引力大大增强。

### 5.1.2 我国邮轮经济政策发展现状

我国邮轮经济已经开始启动。一是国际邮轮抵达我国的次数逐步增加。二是我国居民的邮轮消费开始成长。中国人早已有邮轮消费的概念,过去由于没有邮轮港,中国游客往往选择飞往香港或者新加坡乘坐邮轮。近年来,我国居民对邮轮旅游的兴趣渐浓,我国邮轮消费的人数2001年为8325人,2014年已达100多万人。上海港开辟的日本、韩国航线,其中占半数以上为旅行社组织的国内游客。部分游客先乘飞机到马来西亚、新加坡、中国香港等国家和地区,然后乘邮轮到印度洋、东南亚等地的海上旅游。我国邮轮经济已从传统的入境接待为主,向出入境旅游并举的方向发展。

近年来,传统的欧美邮轮旅游市场发展较为成熟,加之新兴亚太国家综合实力的不断增强,这些因素均促使世界邮轮旅游市场分布发生东移。21世纪中期亚太地区邮轮市场曾有最强劲的增长,即2004—2014年邮轮总体载客量增长超过6倍多,2014年邮轮乘客约200万人次。新加坡和中国香港仍然保持着区域邮轮中心地位。随着最近邮轮载客量的强烈增长势头,亚洲港口已经开始着手一些扩建计划,如中国一些沿海港口正在迅速发展主要邮轮母港和访问港。

根据亚洲邮轮协会公布,2013年亚洲邮轮市场包括21家运营且提供旅客旅游路线的国际邮轮公司、56艘船舶的配置、58趟旅行(也就是停经亚洲的线路)、762条邮轮线路(在亚洲运营的线路)、147.3万旅客,以及票价收入20亿美金,如果包括整体收入,则达25亿美金。亚洲市场占全球邮轮市场份额7%。中国邮轮市场在亚洲邮轮市场中具有举足轻重的地位,邮轮进入中国市场短短几年,亚洲份额从占世界邮轮市场上的5%,到目前突破6.9%,成长迅速。中国是近年来全球最富潜力、成长最为迅速的邮轮市场，邮轮公司纷纷加大对中国邮轮市场的部署。中国的市场规模还比较小，但是成长最快，2013 年中国邮轮旅客数量占亚洲市场份额提高到 39.5%。

中国具备了邮轮旅游快速发展的条件：一是我国人口基数大，人均出游次数不断提高。2014 年中国公民出境总人数为 9819 万人次，同比增长 18%。中国是亚洲目的地中接待邮轮数量最多的国家，是亚洲最大的客源市场，邮轮出入境人数从 2006 年的 16 万人次快速增长至 2014 年的 116 万人次，连续呈井喷式增长；二是我国居民人均 GDP 提高，人均可支配收入增加。按照国际邮轮发展经验，人均 GDP 达 5000 美元，邮轮运输开始起步，达 1 ~ 4 万美元，邮轮运输进入快速发展期。我国现状人均 GDP 接近 7000 美元，部分沿海省市已超过 1 万美元，具备了邮轮运输快速发展的条件。

我国现已成为亚洲地区最大的邮轮市场，国际三大知名邮轮公司嘉年华邮轮公司、皇家加勒比邮轮公司、丽星邮轮公司均已进入我国，海航旅业、渤海轮渡等国内企业正在积极拓展邮轮业务，并初步形成了以日韩线、越南线、中国台湾线等始发航线为主，国际挂靠航线为辅的格局。2014 年沿海港口到港邮轮 466 艘次、完成旅客吞吐量 171 万人次，“十二五”期前四年年均增长速度分别达到 23% 和 40%。上海港、天津港、三亚港和厦门港已建成 10 个邮轮泊位，设计年通过能力 420 万人次。青岛港、深圳港和北海港等港口在建邮轮泊位 15 个，设计年通过能力 465 万人次。据邮轮公司预测，到 2015 年，中国市场邮轮旅客数量有望达到 100 万，保守估计到 2020 年可达到 250 万。虽然刚刚起步，但中国市场被普遍认为将在 2020 年前会成为全球仅次于美国的第二大市场。

从国家角度来看，2014 年 3 月，交通运输部正式发布《关于促进我国邮轮运输业持续健康发展的指导意见》，明确了我国邮轮运输业的发展方向、近期任务和政策思路。同时决定在上海、天津、厦门、海南等邮轮运输业市场培育较好的地区先行先试邮轮运输相关政策

2014 年 8 月 9 日，国务院出台《国务院关于促进旅游业改革发展的若干意见》，提出增强旅游发展动力、拓展旅游发展空间、优化旅游发展环境等措施，为深化旅游业改革指明方向，明确提出“统筹研究部分国家旅游团入境免签政策，优化邮轮出入境政策”“继续支持邮轮游艇、索道缆车、游乐设施等旅游装备制造国产化，积极发展邮轮游艇旅游、低空飞行旅游”“规划引导沿江沿海公共旅游码头建设，增开国际、国内邮轮航线”等邮轮旅游改革措施，给我国邮轮旅游发展带来重大机遇。

2015 年 4 月，交通运输部印发《全国沿海邮轮港口布局规划方案》，明确将有序推进

码头设施建设,邮轮始发港可根据发展需要推进专业化邮轮码头建设,应注重经济性、实用性和便利性,合理论证建设规模与标准,把握建设节奏。邮轮访问港尽可能利用既有设施,通过改造和配备必要设施,满足邮轮安全靠泊和旅客上下船要求。同时,为促进旅客服务便利化,应合理配置邮轮码头集疏运通道、停车场、口岸查验及相关配套设施,完善旅客、行李等运输组织与管理,优化口岸服务流程,提升综合服务效率,满足邮轮旅客便捷、安全进出港要求。

按照国务院公布实施上海、福建的自由贸易试验区方案,自由贸易试验区建设为海峡两岸暨香港、澳门邮轮旅游产业带来重大契机,而扩大服务业开放、金融改革创新、投资贸易便利化、口岸便利化、加快政府职能转变等一系列制度创新措施,将对邮轮产业带来重大红利。国际船舶运输和船舶管理的扩大开放、允许中外合资旅行社经营出境旅游业务、加快培育跨境电子商务服务功能、口岸便利化、允许外商以独资形式从事豪华邮轮的设计、融资租赁制度创新等有利于邮轮产业链的建立。以福建自由贸易试验区为例,允许在自由贸易试验区内注册的大陆资本邮轮企业所属的"方便旗"邮轮,经批准从事海峡两岸暨香港、澳门邮轮运输,为放宽邮轮市场准入创造条件。

从地方角度来看,为推进邮轮产业发展,2013 年海南省三亚市政府出台《三亚市邮轮母港财政补贴实施细则》,于 2013 年当年 2 月财政划拨 1300 万元,用于新增对邮轮母港的航次补贴,即对以三亚为母港且运行合同满一年的邮轮,每航次(进出港算一航次)给予邮轮补贴 5 万元,给予邮轮母港补贴 1 万元;对长期停靠(指停靠期三个月以上)三亚港的邮轮,每航次给予邮轮补贴 3 万元,给予邮轮母港补贴 0.5 万元。福建省于 2013 年 2 月出台《关于提升水路运输服务的实施意见》,将加快厦门邮轮母港和平潭邮轮挂靠港建设步伐,鼓励在厦门开展包租外籍邮轮从事两岸邮轮运输业务,力争在 3 ~ 5 年内组建福建省省内邮轮公司。上海方面,为了更好推进中国邮轮旅游发展试验区的工作,促进上海邮轮产业发展,2014 年 4 月 30 日,上海市政府决定建立上海中国邮轮旅游发展实验区联席会议,市长作为第一召集人,市政府其他 23 家相关单位作为成员单位,联席会议办公室设在上海市旅游局。同时召开第一次联席会议,部署 2014 年实验区建设工作要点,分解任务,明确各单位分工。在联席会议的促进下,邮轮运营保障工作机制不断完善,工作合力逐渐形成,公安、边检、国检、海事、海关等口岸部门对邮轮旅游发展给予有力支持,显著提升通关便利化程度,提升邮轮码头综合服务管理水平。

## 5.2　我国船舶登记及邮轮经济政策存在问题

### 5.2.1　我国船舶登记政策存在的问题

从政策实施角度来看,我国船舶登记政策在税收、监管等方面存在一系列问题,使得大量船舶外移船籍,制约了中国船队的发展和建设。

(1)税收过高

对于在国外建造的新造船或者在国外购买的二手船舶,如果登记为中国籍船舶,依据《中华人民共和国增值税暂行条例》规定,需要征收进口关税和进口货物增值税,总计为9% +(1 +9%) ×17% =27.53%。倘若船舶所有者将船舶登记在不需要缴纳此项费用的登记地,则可以为船舶营运节省不小的费用。征收此项税费,可以为本国的造船产业提供帮助,但却造成船舶资源外流。对于开展船舶业务的船舶营运企业,依据《中华人民共和国增值税暂行条例》规定,除征收基本的5.5%营业税和33%的所得税以外,还需要征收5.5%城市维护建设费以及教育费附加,共计44%。根据2012年《中华人民共和国船舶吨税暂行条例》,自中国境外港口进入境内港口的船舶,应当缴纳船舶吨税。根据现行的吨税税率表,船舶吨税分为普通税率和优惠税率,按船舶净吨位分级适用。根据《中华人民共和国车船税暂行条例》,在我国境内船舶的所有人或者管理人,都应依照规定缴纳车船税,按照净吨位分级适用。根据《中华人民共和国企业所得税法》,船舶企业还需要缴纳25%的营业税,船舶的折旧年限规定为10年。如果依据我国同外国签订的避免双重征税协定、海运协定以及其他相关协定,我国海运企业在对方国家缴纳所得税后,回国可以按照规定抵免所得税。面临着如此多的税目,海运企业选择在境外进行登记就不难理解了。对比世界上排名靠前的登记国,其均在税收政策上对航运企业予以较大程度的支持。所以,税收因素是促使中国船舶移籍海外的一个重要因素。

(2)融资困难

海运业是一个资金密集型的产业,涉及船舶的融资往往金额巨大,所以船公司在船舶营运过程中的融资能力显得十分重要。从政府和国家角度来讲,如果能够为船舶公司提供充足的贷款支持和融资优惠,则其必将吸引船舶所有人去往该国。中国的航运融资市场刚刚起步,虽然发展迅速,但市场尚不健全。如果一个中国籍的船舶企业需要造船,假设其在中国境内进行造船融资，则与在外国获得健全融资的外国船舶公司相比，其优势何在，为了降低国内滞后的融资体制对航运企业竞争地位的影响，我国的航运企业便只能将船舶船籍转移到国外。此时，中国船舶所有人能够享受到外国船舶融资的各项优惠，获得充足的资金支持。航运融资市场的不健全是航运金融产业发展滞后的表现之一。据统计，当前全球船舶贷款规模约3000亿美元，船舶租赁交易规模约700亿美元，航运运费衍生品市场规模约1500亿美元，海上保险市场规模约250亿美元，航运股权及债券融资规模约150亿美元，这些业务几乎被全球公认的三大船舶融资业务中心伦敦、汉堡和纽约所掌控。上海在相关领域涉足很少，各类业务占全球市场份额不足1%。目前，中国的商船队正处于更新换代的转型期，中国海运企业正处于一个不进则退的关键时期，希望“更上一层楼”的船舶企业对于资金的需求是巨大的。而国内的融资环境却无法完全满足企业的需求。为了打造本企业高质量、新技术的船舶，诸如中远集团、中海集团在内的大型船舶企业纷纷在境外登记新造船。

(3)行政程序烦冗

受计划经济管理措施的影响，中国的行政机构在监管船舶运营市场的过程中，监管手段和具体措施常常显得复杂和严苛。采用第二船籍登记的国家和采用“方便旗”登记的国家，在进行船舶登记管理的过程中均采取快速化、便捷化的措施。许多国家更在世界主要的航运国家设立办事机构，就近办理船舶登记事宜。这是我国登记管理机构监管水平尚处于落后的地方。此外，中国的行政监管还存在审批过多、程序复杂的情况。无论是船舶公司的设立，还是造船和买船，均需要通过众多部门的审批。其中许多审批事项等待时间较长，审批规定严格。

(4)规避法治风险

船舶运营，总会产生债务纠纷，遇到债务难以获得清偿的情形，债权人便会向法院申请扣押船舶。不同的国家关于船舶扣押的法律规定各不相同，有的国家规定的扣押范围较广，有的国家则相对较窄。中国的船舶扣押范围规定为《海事诉讼特别程序法》的第23条。为了避免船舶公司旗下的其他船舶遭到扣押，世界范围内船舶所有人的惯用手法是将船舶登记在开放登记国家，并以单船公司形式对船舶进行运营管理，从而隐匿船舶的真正所有人。这样做的好处在于船舶发生事故后，单船公司只以其所拥有的船舶为限承担法律责任，避免真正所有人的其他船舶资产遭受扣押。由于这种做法在实践中大量存在，规避本国法律就成为船舶所有人为降低运营风险而移籍的选择考量。

### 5.2.2　我国邮轮经济政策存在的问题

邮轮经济在我国是新兴的发展产物，在邮轮母港的基础设施等硬件设施方面还有待完善，在政策方面还有诸多的空白和需要提升的方面，具体表现如下：

一是邮轮航线审批制亟须向备案制改革，审批流程有待进一步简化。《中华人民共和国国际海运条例》实施后，我国国际班轮航线审批制改为备案制，而对国际邮轮航线仍实行审批制，手续复杂，对邮轮公司经营带来压力，与中国政府要求"发挥市场配置资源的决定性作用"，以及行政审批制度改革需进一步简政放权的要求还有一定差距。如多点挂靠航线审批手续需要简化，审批时间需要缩短。目前多点挂靠航线审批需要船公司将营业执照在注册地公证处公证后再拿到领事馆公证，程序比较复杂，公证需要提供正本。随着航线越来越多，航线的变化比过去更为频繁，审批过多已严重影响船公司的业务开展。建议相关主管部门建立邮轮系统数据库或实行网上备案制度，避免相同的材料重复申报，在政策允许范围内简化流程。对公证材料的取得需要进一步便利化，不要每次都要到领事馆公证，特别是注册地没有领事馆的地方。目前，多点挂靠申报材料齐全上报后需要一个月得到批复，对船公司而言，从准备材料到批复实际需要三个月。审批时间较长，导致邮轮公司没有足够的票务销售时间，影响企业的经营绩效。此外，鉴于海关、边检、海事等部门的监管制度完备，无论是人，还是货都不可能从邮轮上随意流入国内其他港口，因此简化多点挂靠审批手续条件已较为成熟和可行。建议简化中国政府主管部门的多点挂靠审批为备案制，或权力下放至省市交通主管部门。中国是世界上为数不多的在国内多个港口挂靠需要多次检查的国家。边检部门因"船舶是浮动的国土"，对多点挂靠的船舶进行多次检查，入境后的邮轮到出境前停靠国内其他港口都要像入境一样申报手续，手续麻烦、做法重复、费时费力，游客容易产生不满情绪。例如，邮轮从日本港口进入中国大连，从大连又挂靠青岛，这其中大连和青岛做两次入境检查手续，主要是两地边检系统信息不共享，而在国外如果从国内一个港口到另一个港口，没出国境就不需要再进行检查。中国台湾航线审批流程需要简化：尽管目前经交通运输部批准包租外籍邮轮可多航次从事两岸运输，但中国台湾航线审批仍比较难申请，周期约 2 ~ 3 个月，中间环节较多，中国台湾航线游客需要办理大陆居民赴台旅游通行证和入台证，从售票到上船需要一个半月，邮轮公司没有足够的时间销售船票。中国台湾航线审批流程亟须简化、优化流程。

二是邮轮港口的相关服务标准有待规范，服务水平有待提高。根据 2014 年皇家加勒比游轮公司客户满意度调查结果,总共有800多份调查意见表,77%左右的调查对象反映上下船的服务存在较多问题。目前对邮轮登船离港还没有统一的国家标准,需要推进邮轮登船离港标准化。不同港口、不同的邮轮公司都在执行自己的标准,如绑定信用卡的环节,目前歌诗达邮轮集团和皇家加勒比游轮公司各有一套不同的流程。另外由于港口与港口的规定不一样,很多时候客人要等2~3个小时才能登船。

三是过境免签政策效应有待扩大,访问港邮轮直接免签政策亟待突破。目前上海过境免签政策有所突破,水路口岸允许24小时过境免签,空港允许72小时过境免签,但政策效果并不明显。因为,72小时过境免签政策的局限在于"过境"限制,目前72小时过境免签要求必须是前往第三地,不能是离境国,即使将72小时过境免签政策拓展到邮轮口岸,对于吸引访问港邮轮游客来华旅游拉动有限。因此,下一步亟须争取访问港邮轮旅客来华直接免签政策,允许免签逗留一段时间(如7天),这一方面可以扩大政策的效应,另一方面也可增加旅客离船进行消费的吸引力,结合多点挂靠政策,增加入境旅客就在国内消费量,拉动国内经济的增长。同时,邮轮公司就可以开辟更多的国内沿海航线,逐步实现航线多样化经营,促进国内邮轮港口的均衡发展。

四是入境手续的便利化还需进一步推进,兼顾便利性和安全性。目前中国公民在出入境时均需要对护照进行盖章,一方面增加了相关部门工作人员的工作量;另一方面,又延长了游客的通关时间。因此,还需边检部门对中国公民乘母港邮轮出境后返程和外国旅客入境后离境流程进行简化,取消盖章环节,提高通关效率。同时,由于邮轮上的船员相对比较固定,因此可以对一定时期内多次随轮出入境的船员,在第一次进行完整的查验之后,对随后的出入境查验手续进行简化。自助通关等信息化手段在口岸便利化的应用还需进一步加强,以缓解一线口岸查验人员力量不足的问题。

五是邮轮检查管理办法还需完善,常态化、制度化。为推进邮轮通关便利化,使之制度化,还需进一步争取公安部政策支持,逐渐调整和完善《邮轮出入境边防检查管理办法》,对简化出入境手续的相关规定予以明确,通过制度进行固化。

# 第 6 章
CHAPTER 6

# 国外船舶登记及邮轮经济政策对我国的启示

# 6.1 国外船舶登记政策对我国的启示

## 6.1.1 国外船舶登记政策制度框架

为便于了解不同国家船舶登记制度的差异，本书梳理了新加坡、巴拿马等国的船舶登记制度，将其作为范本，对三类船舶登记制度进行比较，详情见表 6-1、表 6-2。

世界主要船旗国船舶登记条件比较表　　表 6-1

| 船籍类型 | 国家 | 船舶登记条件 |
| --- | --- | --- |
| 开放式登记（方便旗） | 巴拿马 | 船舶的所有人可以是本国公民、外国人、外国或本国的公司、外国与巴拿马的合资公司及其他法人。对船舶所有人唯一的限制是，船舶所有人必须在巴拿马任命代表自己的律师或法律事务所；在船龄方面虽然没有规定，但应满足最低标准 |
| | 利比里亚 | 船龄在 20 年以下、1600 净吨以上的船舶必须是利比里亚公民或国民方可登记；在利比里亚注册的公司或合作公司可视为利比里亚公民或国民（在以下情况下可以放弃利比里亚公民或国民条件：船舶满足所有条件；船舶所有人作为外国海事托拉斯或法人在利比里亚取得登记资格，并且确保、维持登记以及长期建立事务所或任命有资格的代理人）；船龄在 20 年以下、100 净吨以上的专业性游艇或其他所有人必须是利比里亚人，但该条件可以放弃；20 净吨以上的专用船舶、航行于利比里亚各港口之间或航行于利比里亚与西非之间从事贸易物资运输的船舶所有人必须是利比里亚公民或国民；在利比里亚的船舶的船龄必须在 20 年以下，20 年以上的船舶有豁免制度 |
| | 巴哈马 | 没有本国所有权或者本国所有人参与的特别要求。外国所有的船舶，无论是哪个国家或地区均可在巴哈马登记，如果在巴哈马设立公司则更为方便。1600 总吨以下或船龄 12 年以上的船舶需要特别允许方能登记 |

续上表

| 船籍类型 | 国　家 | 船舶登记条件 |
| --- | --- | --- |
| 第二船籍国际船舶登记 | 挪威 | 对船舶所有人、船舶所有公司的国籍没有限制。但是当船舶的所有人不是挪威国民，或不是挪威公司的法人时，所有人须任命在挪威有住所的法定代理人。可以在NIS登记的“船舶”为有自力驱动的客船、货船、气垫船、钻井平台以及其他的可移动设施。对于船龄没有限制 |
| 新兴的国际船舶登记 | 新加坡 | 新加坡公民，永久居民或在新加坡成立的公司法人；船龄17年以上船只需有确认报告；公司的已付资本至少5万新币。外资公司的注册船舶必须至少为16000总吨机动船；若不是，视具体情况进行豁免 |
| 传统的封闭式登记 | 英国 | 外国的船公司只要在英国设立经营公司即可；船舶标准只要达到欧盟与国际海事组织标准即可 |

世界主要船旗国船舶登记船员配备条件比较表　　表6-2

| 船籍类型 | 国　家 | 船员配备条件 |
| --- | --- | --- |
| “方便旗”开放式登记 | 巴拿马 | 巴拿马船舶配备人员的10%必须是巴拿马公民，但在雇佣船员的港口如果不能达到该比例，则可取消该规定，高级船员可以不是巴拿马人 |
| | 利比里亚 | 没有规定 |
| | 巴哈马 | 对于高级船员没有国籍的要求，但必须持有巴哈马证书；对普通船员除必须在本国注册外没有国籍的要求；厨师证书要得到巴哈马政府有关部门的认可 |
| 第二船籍国际船舶登记 | 挪威 | 没有限制配备外国船员的规定，所有岗位都可以配备外国船员 |
| 新兴的国际船舶登记 | 新加坡 | 不限制船员的国籍 |
| 传统的封闭式登记 | 英国 | 除特殊船舶外，普通货船船员配置不须有英国人 |

通过借鉴国内外经验,我国在船舶登记制度方面应创设一种比现行登记要求宽松、比开放登记国要求严格,程序和操作更简便,适合特殊管理,符合中国国情的国际船舶登记制度,以吸引本国船东登记(也不排除外国船东来登记,当然主要是本国的)。并在该制度框架内对悬挂国旗的远洋船舶提供税费优惠,以及船舶检验和船舶融资等方面的便利和保障。

### 6.1.2 国外船舶登记政策涉及税收的内容

欧洲地区国家对"方便旗"采取的税收政策对全球航运市场影响深远。这些国家的船东选择"方便旗"的主要原因是为了降低船员成本和税收成本:一方面,在这些国家登记船舶都有本国船员配备要求,加之工会对本国船员工资的议价能力,使得船东不得不支付高昂的人工成本,而悬挂"方便旗"则可以不受船员配备限制;另一方面,这些发达国家大多数有着高福利、高税收的特点,其中企业所得税、个人所得税和社会保障税税负较重,而船东在"方便旗"国家则可享受免税待遇。为了吸引"方便旗"船回国登记,这些发达的海运国家均采取财政补贴政策等措施来降低船东成本,包括造船买船贷款补贴、营运补贴、税收优惠等。比如欧盟为了统一欧盟成员国的海运政策,提升欧盟海运竞争力,于1989年(当时还是欧共体)发布"关于国家对海运企业的支援方针",并在1997年和2003年分别对该方针进行修订。从补贴措施的内容变化来看,欧盟海运补贴政策由国家直接补贴方式逐渐过渡到依靠税收优惠间接的补贴方式。目前,这些传统海运国家对从事国际运输的船舶所制定的税收优惠政策有:

(1)流转税

流转税,包括增值税(消费税)和关税。在增值税(消费税)方面,根据欧盟增值税共同制度指令规定,一般情况下单位或个人在欧盟境内提供货物及劳务要交税率为15%的增值税。但从事国际运输业务,起运地在欧盟境外的不属于增值税应税劳务。同时,该制度还规定为国际运输船舶提供所需的燃料备件免征增值税,国际运输船舶的更换、修理、维护、租赁同样免征增值税。日本的税法则规定单位或个人在日本国内提供货物及劳务必须交纳5%的消费税(属于增值税性质),但是国际运输业类似出口交易免征消费税,不仅对销售额不征消费税,还对进项税额给予抵扣并返还,不过这里所指的免税国际运输业指的是起运地在日本境内港口的,而往返于外国港口间的运输所得不属于消费税的免征税范围。此外,对国际船舶的转让、租赁及修理也免征消费税 。在关税方面,欧盟国家大都对进口建造、维修或保养国际船舶所需材料和设备免征关税,甚至包括对进口商船免征关税，日本则对进口船用设备、船用材料和100吨以上的海船免关税。

(2)个人所得税

针对国内航运企业劳动力成本过高的这一事实，欧盟各成员国对此采取船员所得税减免制度，免征或减征船员的工资税和社会保障税。如英国政府规定对一年内在海外时间超过183天的船员免征个人所得税，同时减免船员的社会保险费及教育费等。

(3)传统企业所得税

对于所得税的税收管辖权，世界上大多数国家均同时主张属人原则和属地原则，只有少数国家或地区遵循单个原则(如中国香港只遵循属地原则，只对来源于中国香港境内的收入与所得征收企业所得税)。大多数国家都对注册或实际管理机构在本国的企业，从事国际运输的收入征收所得税，具体根据本国税法及与其他国家缔结地避免双重征税协定(安排)或海运互免协定等执行，同时这些国家又为本国的国际船队提供诸多的所得税优惠政策，其中最常用的是船舶加速折旧政策和鼓励设立用于买船或修船的免税储备金。

①加速折旧政策。众所周知，航运企业最大的固定资产就是船舶，一般占企业总资产的90%以上。如果船舶每年可以多提折旧，那么就可以减少当年的应纳税所得额，达到延期纳税的目的。从世界主要海运国家船舶的加速折旧办法来看，有以下几种情况：a.计提折旧方式选择较为灵活，可采用直线折旧法或余额递减法，一般对直线折旧法规定了折旧年限，对余额递减法则规定了最大折旧率；b.允许先期折旧，在造船合同执行过程中或在财政年度内已付清款项时，可以提前开始折旧。表6-3是部分发达国家船舶加速折旧法有关规定内容。

部分发达国家的船舶加速折旧规定　　表6-3

| 国家 | 折旧年限 | 直线折旧法 | 余额递减法 | 最大折旧率 | 备　注 |
|---|---|---|---|---|---|
| 德国 | 12 | √ | √ | 大型客船18.75%，其他25% | 针对的是1996年4月30日前订造的船舶 |
| 丹麦 | 7 | | √ | 15% | 先期折旧最多可达30% |
| 英国 | 8 | | √ | 25% | |
| 意大利 | 10 | | | 15% | 直线折旧法，加速折旧可持续3年 |

续上表

| 国家 | 折旧年限 | 直线折旧法 | 余额递减法 | 最大折旧率 | 备注 |
|---|---|---|---|---|---|
| 比利时 | 8 | | | | |
| 荷兰 | 12~20 | | √ | 12%~16% | 余额递减折旧法，折旧率为12%~16% |
| 法国 | 分8、15、20、25 | √ | √ | 31.25%、25%、16.66%、12.5% | 可先期折旧 |
| 瑞典 | 4 | √ | √ | 30% | 可先期折旧 |
| 日本 | ≤15 | | | 20% | 国际现代化船舶折旧率为船价的18%，300吨以上的船舶为12% |

除了表中所列举的国家外，世界上其他的海运大国，如日本、韩国、印度尼西亚、巴西等国也有特别折旧规定。

②免税储备基金。虽然这项基金的提取形式各国有所不同，比如丹麦是把应税收入的25%作为准备金；德国是把海运企业连续6年以上因出售船舶所得的利润存入特别免税基金；日本则允许船东把其各项收入存入该项基金等，但当从该基金中提款用于船舶建造、维修、改建等方面予以免税。其实免税储备基金并不是真正的免税，只是起到延期纳税的作用，把资本收益或其他应税收入以准备金的形式储备起来，当发生船舶改造修理等支出的时候，再从中扣减，使纳税期得以递延。各国设立储备金的目的就是为了减轻船东的税收负担，鼓励航运企业船舶的更新换代。

③减征法人税，如英国、德国、意大利、希腊等国执行此项税收制度。德国政府规定航运企业从事国际运输业务的所得的80%按正常税率的一半缴税，而其余的20%按正常税率缴税；希腊政府则以1975年4月为界，对在该时间点前后在希腊建造和登记的船舶按不同船龄规定了不同年限的基本税（相当于所得税）免税期。

### 6.1.3 第二船籍登记制度

第二船籍登记制度是欧洲国家为应对“方便旗”问题的一大创举。第二船籍制度即一国在保留其传统船舶登记制度下，新设的类似“方便旗”船制度的船舶登记制度。根据船舶登记注册地的不同，可分为离岸登记制度 、国际船舶登记制度 。

第二船籍制度兼具开放登记制和传统登记制的特点，主要表现为：适用对象主要是本国船东拥有的国际船舶或者在国外新造的船舶。提供与“方便旗”船制类似的船员配备和税收优惠制度。如放松船员配备管制，减免企业和个人所得税、船舶固定资产税和船舶登记费等，由此来降低本国船舶的营运成本，吸引其回国登记。登记的船舶接受所属国的监管和检测，由此来体现《1982 年联合国海洋法公约》规定的国家和船舶之间必须建立起“真正联系”，解决“方便旗”制度存在的问题。

纵观实施第二船籍制度的国家，其提供的优惠政策都大同小异，具体实施上，主要通过允许雇佣外国船员，并按外国船员所属国标准支付工资和减免船舶固定资产税和登记费、船员个人所得税和社会保险税等税收方面的优惠政策。表 6-4 是若干主要海运国家的第二船籍制度相关内容。

若干主要海运国家的第二船籍制度相关内容　　表 6-4

| 国家 | 英国 | 挪威 | 德国 | 日本 |
|---|---|---|---|---|
| 名称 | 离岛登记制度（马恩岛） | 国际船舶登记制度 | 国际船舶登记制度 | 国际船舶登记制度 |
| 成立年份（年） | 1986（正式化） | 1987 | 1989 | 1996 |
| 本国船员配备规定 | 船长和轮机长 | 船长 | 船长以及 79% 船员 | 船长和轮机长 |
| 外籍船员工资 | 所属国水平 | 所属国水平 | 所属国水平 | 所属国水平 |
| 船员的个人所得税 | 免征 | 减征 | 征税 | 日本船员减征 |
| 船舶的固定资产税 | 免征 | 免征 | 免征 | 征税标准为1/15 |
| 船舶的注册许可税（费） | 收少量登记费 | 征税 | 无制度 | 船价的 1‰～1.5‰ |
| 其他 | 不征收吨位税、年度税① | 收入免征企业所得税，只征收吨位税 | | 船舶特别折旧制 |

注：①表示 1500 总吨以下船舶收 170 英镑，1500 总吨以上船舶收 245 英镑。

所有实施第二船籍制度的国家都允许雇佣外国船员，并按所属国标准支付工资，这也是最吸引船东的政策之一。因为在欧洲乃至其他地方，人工成本是船舶可变成本中最重要的一部分。据测算，如果一艘注册在德国的船舶移籍“方便旗”国，可节省 30% 的运营成本，而其中的 90% 是人工成本的节省 ，所以在不管是离岛登记制度还是国际登记制度，在刚出台时确实吸引了不少船舶前来登记，但并未取得长久的成功，因为第二船籍所提供的优惠条件仍然难以与“方便旗”国竞争。

挪威被公认为第二船籍制度实施效果最好的国家。在引入国际船舶登记制度之前，挪威船舶海外移籍现象十分严重，本国籍船舶总吨位从 1976 年 4930 万吨下滑到 1987 年的 970 万吨 。面对大量本国船队的流失，挪威首创国际船舶登记制度，并取得成功，经过 4 年的时间，到 1992 年 1 月，共有 1151 艘总吨位达 4080 万吨的船舶悬挂挪威旗，其中在国际船舶登记处登记的挪威籍船舶达 896 艘，3920 万总吨 ，但船舶出籍率在 1997 年降低至 42% 左右，在欧洲国家中处于较低水平。2007 年挪威籍船舶总吨位又下滑到 1391 万吨，而且在所有悬挂挪威国旗的船舶中，90% 以上是登记在国际船舶登记处，这使得本国原有的登记制度形同虚设。在亚洲，尽管日本于 1996 年实施国际船舶登记制度，但仍不能阻止船舶海外移籍的势头，“方便旗”总吨位的比重在 1997 年初为74.66% ，到 2010 年初已高达 92% 。在其他国家，第二船籍制度亦没有取得预期的效果。欧盟曾经在 1989 年提出成立欧洲船舶登记处(European Register of Shipping)的设想，即欧洲境内的第二船籍制度，来与“方便旗”国竞争，阻止欧洲船队的大规模海外移籍。但成员国与欧盟企业船东对此反应冷淡，最终该提案也不了了之。

## 6.2 国外邮轮经济政策对我国的启示

### 6.2.1 邮轮运营政策环境

邮轮经济发达的国家和地区在邮轮航行、邮轮停靠、通关、司法管理等方面逐步形成一套国际通用规程，营造邮轮母港发展的良好制度环境。如美国出台特殊政策，规定外籍邮轮在前往海外港前可停靠国内一个以上港口，单个航程中允许挂靠多个国内港口，国内和海外乘客可在国内任意港口过境。同时，通关程序简化。邮轮公司与母港所在国家一般建有良好关系，可在海关、边检及检疫管理上实施特殊简便程序。在相关立法上，邮轮经济发达国家经过多年发展，法律规范经历从无到有、由简到繁而逐步完善，对邮轮制造、买卖、租赁、海事、保险、旅行、安全、靠泊、出入境等方面已形成法定规范，为保障邮轮母港持续健康发展提供法制保障。比如，迈阿密通过多港挂靠吸引旅客，美国迈阿密旅游部门与邮轮航线沿途城市政府达成协议，提供多个国家登陆入境游，也就是说，游客持有本国护照和美国签证即可随时在沿途港口城市入境游玩而不必返船。

行业管理机构完善和行业协会积极引导,对邮轮经济发展起重要推动作用。发达邮轮母港城市为了发展邮轮产业,专门成立相应的管理部门。例如,新加坡旅游局成立邮轮发展署,全力推进邮轮产业的发展。香港特别行政区政府不断加强与邮轮市场和邻近港口的联系,提升服务品质,分别成立邮轮发展署和邮轮业咨询委员会,工作重点包括加强与内地毗邻沿海省份共同开拓邮轮航程,推广区内的邮轮旅游产品,并鼓励邮轮业界和相关行业培训人才。

政府部门及其邮轮业者之间紧密协作。在产业政策上,一般政府与邮轮企业共同宣传旅游资源,共同营销,并共担宣传费用;共同投资建设邮轮码头;共同投资邮轮港附近的宾馆、观光业,共同实施人才培训,提高邮轮旅游代理、导游、演艺人员等的专业水平。政府给予邮轮公司一定优惠政策,如许可邮轮公司参与码头经营;在农产品或其他补给品采购价格上给予优惠;免费为邮轮公司提供城市旅游宣传资料。此外,明确规定港口各项收费,公开透明,对以该城市为母港的邮轮公司给予收费优惠等。

成立专项发展基金扶持。为了促进邮轮产业的发展,SCCPL 与新加坡旅游发展局、新加坡民用航空局于 2006 年合作推出的 1000 万美元的新加坡 fly-cruise 发展基金(FCDF)。

注重周边配套和出行的便利性。世界上邮轮母港发达的港口具备的一个共同特点是城市经济与服务业发达,拥有良好的空港等综合交通系统,修造船产业较为发达,旅游资源丰富,游客流量大,港区靠近市中心,有良好的水深、岸线和航道条件,具备专用邮轮码头,港口服务高效、优质,岸上接待设施齐备等。特别是由于邮轮产品通常是"飞机 + 邮轮 + 飞机"的组合,新加坡及中国香港都将新的邮轮码头建在机场附近,同时吸引航空运营商参与码头的经营。同时码头周边汇聚大量与邮轮相关的产业。

重视发挥中介组织的作用。波罗的海和地中海邮轮发达地区均成立了区域性的邮轮港口协会,推动邮轮码头联合起来一致面对邮轮公司,不互相竞价,维持良好的市场秩序;在营销和市场推广上进行联合,节约成本;联合探讨如何提高邮轮码头服务水平、提供优质服务。

### 6.2.2 市场培育相关政策

美国邮轮界的邮轮市场培育做法,即由邮轮公司委托专业邮轮协会或中介机构培训旅行社的销售人员,同时,除旅行社等实体企业外,重点建设和培育专业的邮轮网站等网络销售体系。

(1)重视邮轮票务销售体系建设

重视邮轮票务销售体系建设。邮轮公司根据旅行社取得的不同层次的证书与其签订不同层次的代理资格合同,开展不同层次的邮轮销售业务,建立批发商—零售商体系,但没有大规模整船包船,销售市场秩序规范,并重视网上销售推广。

重视邮轮旅游产品的宣传和市场培育,来引导邮轮旅游业的发展。如通过影视作品,提高邮轮旅游的社会熟悉度;通过各类媒介广告和在旅游集散中心、机场、车站、码头等客流集中处铺设宣传品等形式,提高邮轮旅游的市场认知度;通过建设专业邮轮预订网站、增加专业旅行代理商数量等手段,提高邮轮产品购买便利程度。对于影响潜在游客的健康、费用、时间问题进行分析。开发不同类型的产品吸引潜在客户,在对待年轻客户群上开发短期旅游,在年长群体上开发适合结伴的时间稍长的旅程,且可以增加在港停留时间,带动港口消费。同时,要注重服务质量的提升,服务质量的缺陷会严重影响产品的口碑和回购重游率。

(2)重点突破特定目标市场

重点关注机关企事业单位退休市场、公司会奖市场、新婚蜜月市场、都市白领家庭市场等几大潜在市场目标群体。目前,我国邮轮市场的培育,在针对国内市场的开发中,要考虑中外邮轮消费者由于文化差异所造成的对邮轮旅游感知和认知的不同,并能够采取行之有效的应对措施。在大力开发国内出境邮轮旅游市场的同时,也要加强对入境邮轮旅游市场的开拓。国内港口旅游城市要加强与国际邮轮公司的联系与交流,通过宣传推介和适当的激励政策,鼓励国际邮轮公司开辟更多地在中国港口停靠的邮轮航线,将更多的邮轮客源输送到中国。

(3)航线产品主题化、短程化、联营化

国外邮轮旅游产品具有主题化、短程化、联营化的特点,航线产品较为丰富。从全球视野来看,近岸旅游也是很多国家和地区(如新加坡和中国香港)在邮轮旅游开发初期重点开发的产品类型。我国具有绵长的海岸线,且东部沿海城市大多经济发达,具有巨大的旅游消费潜力。邮轮旅游的发展应在积极争取成为国际邮轮航线节点的同时,重点发展近岸邮轮旅游,挖掘国内邮轮旅游需求。而且,近岸邮轮旅游的花费比国际邮轮航线要低得多,既符合目前我国居民的消费水平,又可作为一种尝试性的邮轮旅游产品,降低邮轮游客的消费风险。在邮轮航线设计方面,应根据中国旅客的消费特点和消费习惯,规划符合中国消费者需求的邮轮旅游产品。结合中国公务、商务市场和奖励旅游市场的先导性消费特征,定位于上述市场群体,组织、有特定主题的邮轮航线。

### 6.2.3　完善法律法规体系

由于邮轮旅游不同于一般旅游和航运,具有一定的特殊性和复杂性,且经过不断发展,又不断出现新问题。欧美国家及中国香港地区的邮轮旅游相关法律法规虽在修订和完善过程中,但其法律体系仍值得借鉴。

(1)相关法律制定强调标准统一

欧盟地区邮轮法规的修订,充分考虑了其在各个成员国的统一性和可执行性。这对邮轮旅游过程中所出现的问题解决提供了良好的法律环境,减少了执行过程中的法律冲突。

(2)制定合理的邮轮旅客运输法律规范

在制定邮轮旅客运输相关法律规范方面,可借鉴国际海事组织对1974年雅典公约修订的模式,完善、制定符合我国邮轮旅客运输的法律和法规。鉴于邮轮旅客运输过程中,在邮轮上发生航运事故和非航运事故的概率比较大,以及由于邮轮经济模式下旅客还具有离开邮轮甚至邮轮所挂靠的母港而深入到其他地方旅游观光的可能性,因此在制定邮轮旅客运输相关法律时,必须明确承运人的责任基础,以适应邮轮旅客的运输,也可引入直接诉讼制度。

(3)充分重视邮轮行业组织的作用

充分重视邮轮行业组织的作用,加强行业自律,使其能够对邮轮旅游市场的推广、相关标准的制定、法律法规与国际公约对接、热点问题研究等方面起到积极作用。

# 第 7 章

CHAPTER 7

# 现代航运服务业发展评价方法探索

目前,我国对于现代航运服务业发展研究还处于初步阶段,并未形成较为成熟的分析方法和框架。鉴于此,一些交通行业研究机构、高校一直紧跟国内外现代航运服务业发展动态的同时,探索创新其分析方法及框架,通过具体项目实践归纳总结出一套现代航运服务业发展评价方法,具体包括评价指标体系、发展模式比较法等。

## 7.1 现代航运服务业发展评价指标体系

从现代航运服务业的视角分析,以可操作性的工作内容为抓手,确定两级指标,进而构建指标体系,并进行评测。经实践检验,其是一条切实可行的技术路线。

在指标的遴选上,综合有关专家对现代航运服务业发展的想法,依据现代航运服务业发展评价指标体系建立的基本原则,参照国内外有关现代航运服务业的研究成果,尤其是考虑到"现代航运服务业对社会经济的贡献",将"企业营业收入、工作就业、社会成本"等关键因素纳入评价指标当中。同时,结合目前现代航运服务业发展的实际情况,按照上述三个层次,进行评价指标选择,即"支持层、航运主业、辅助层"3 大类指标,下一级划分"航运金融、保险、咨询等"14 个一级指标,然后再根据各一级指标向下划分 31 个二级指标,具体见表 7-1。

现代航运服务业发展评价指标体系　　表 7-1

| | 一级指标 | 二级指标 | 单位 |
|---|---|---|---|
| 上游增值产业 | 1 航运金融服务 | (1)船舶融资、抵押、担保、结算交易的资金规模 | 亿元 |
| | | (2)航运金融服务注册从业人数 | 人 |
| | 2 航运保险服务 | (3)航运保险业务交易的资金规模 | 亿元 |
| | | (4)航运保险服务注册从业人数 | 人 |
| | 3 航运咨询服务 | (5)提供航运咨询、信息、研究的服务机构数量 | 家 |
| | | (6)航运咨询、信息、研究服务的从业人数 | 人 |
| | 4 海事仲裁服务 | (7)海事仲裁案件数量 | 件 |
| | | (8)海事仲裁案值总额 | 亿元 |
| | 5 教育培训服务 | (9)开设航运相关专业的高校、机构数量 | 家 |
| | | (10)每年教育、培训合格的学员数量 | 人 |

续上表

| | 一级指标 | 二级指标 | 单位 |
|---|---|---|---|
| 上游增值产业 | 6 航运组织服务 | (11)在当地服务的航运组织、协从业人员数量 | 人 |
| | | (12)每年检验船舶的吨位总数 | 万 DWT |
| | 7 航运经纪服务 | (13)船舶买卖交易资金规模 | 亿元 |
| | | (14)船舶经纪从业人数 | 人 |
| | | (15)船舶交易艘数 | 艘 |
| 中游传统产业 | 8 水上客运服务 | (16)年客运量 | 万人 |
| | | (17)年客运周转量 | 万人·公里 |
| | 9 水上货运服务 | (18)年货运量 | 万吨 |
| | | (19)年货运周转量 | 万吨·公里 |
| | | (20)内河航运企业拥有船舶平均吨位 | 万 DWT |
| | | (21)沿海航运企业拥有船舶平均吨位 | 万 DWT |
| 下游支持产业 | 10 码头相关服务 | (22)泊位通过能力利用率 | % |
| | | (23)年吞吐量 | 万吨 |
| | 11 仓储堆场服务 | (24)仓储面积 | 万平方米 |
| | | (25)堆场面积 | 万平方米 |
| | 12 代理相关服务 | (26)船舶代理服务公司数量 | 家 |
| | | (27)货运代理服务公司数量 | 家 |
| | 13 货物运输服务 | (28)物流成本占 GDP 的比重 | % |
| | | (29)主枢纽货站利用率 | % |
| | 14 船员劳务服务 | (30)单位船舶的从业船员数量 | 人/艘 |
| | | (31)当地注册船员数量占全国总数的比例 | % |

在评价方法上，经过反复讨论和验证，从实用性、操作性和客观性的角度出发，采用分层次的线性加权综合指数法开展综合评价。其逻辑框架如图 7-1 所示。首先，建立现代航运服务业发展参考标准作为基础，对现代航运服务业的实现程度进行综合把握和发展差距分析。测算三个层次下各产业的评价指标体系中每个具体指标的发展进程，然后确定各类分项指标及其所属各指标在评价指标体系中的相应权重，进而测算不同层次下产业的各类分项指标发展程度及整体发展程度，再以测算结果为依据，分析现代航运服务业的发展程度。

在对单个指标的具体测算过程中，通过各指标现状发展水平与参考标准的比值获得单个指标发展程度情况，消除各指标的量纲影响。根据各指标所表征的发展内容的不同,可分为正指标(越大越优)、逆指标(越小越优)和适度指标(保持适度为优)三类。同时,结合现代航运服务业发展的现实情况,现阶段评价指标体系中适度指标可以视为正指标。正指标的进程等于指标的现状发展值除以指标的参考标准值,而逆指标的进程等于指标的参考标准值除以指标的现状发展值,实现评价指标体系中所有指标的同级化。

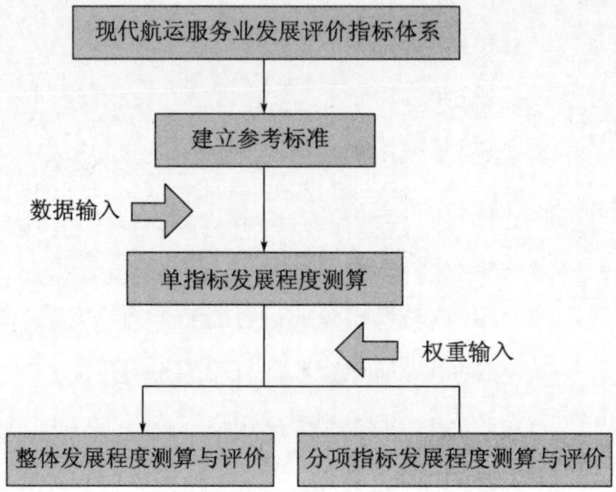


图 7-1　现代航运服务业发展评价体系运行的逻辑框架

## 7.2　现代航运服务业发展模式比较方法

基于对国内外现代航运服务业发展现状分析及相关经验借鉴,可以发现,推动现代航运服务业快速发展要建立在对自身条件及外部环境的认识上,而选择适合现代航运服务业的发展模式尤为重要。因此,从纵向产业链和横向发展条件两方面,通过对不同地区的现代航运业进行比较,提出适合目前实际情况的现代航运服务业发展模式,由此为战略定位和发展目标的确定提供导向。

根据上述对现代航运服务业三个层次的划分,选择金融保险、船舶经纪、信息咨询、法律仲裁、教育培训、客货运输作为纵向产业链的比较指标;结合产业竞争力比较中的相关因素,以港航合作程度、政策支持力度、生产组织水平、企业经营成本、基础设施水平作为横向发展条件的比较指标;在模式选择方法上,采取专家打分法及定性评价方法相结合,总结现有发展模式,并结合发展实际,提出适合地区发展的现代航运服务业模式。现代航运服务业纵向、横向产业相关释义分别见表 7-2、表 7-3。

现代航运服务业纵向产业链主要产业门类释义　　表 7-2

| 产业门类 | 产业划分 | 内　　容 |
|---|---|---|
| 金融保险 | 上游产业 | 船舶融资、企业上市、产业基金、衍生产品、保险业务等 |
| 船舶经纪 | 上游产业 | 船舶买卖、船价评估、中介服务、船舶拍卖、船舶贸易等 |
| 信息咨询 | 上游产业 | 信息发布、管理咨询、市场研究、媒体宣传、展会策划等 |
| 法律仲裁 | 上游产业 | 法律法规、行业标准、海事仲裁、法律咨询、理赔测算等 |
| 教育培训 | 上游产业 | 人才培养、技能培训、学术探讨、资格认证等 |
| 客货运输 | 中游产业 | 内河、沿海及远洋客运、货运、邮轮运输 |

现代航运服务业横向发展条件比较指标释义　　表 7-3

| 指　　标 | 解　　释 |
|---|---|
| 港航合作程度 | 港口与航运之间业务一体化合作,港口之间的联盟合作等 |
| 政策支持力度 | 发展规划、优惠措施、政策引导的制定及落实,政府重视程度等 |
| 生产组织水平 | 江海联运、海铁联运、客货物流网络优化、客户增值服务等 |
| 企业经营成本 | 市场准入资金规模、日常经营税收及行政开支、补贴、优惠等 |
| 基础设施水平 | 铁路、公路、内河通道建设及维护,码头岸线开发利用等 |
| 市场结构合理 | 产业服务功能完善程度,市场竞争格局,发展方式及侧重合理性等 |

通过上述评价方法,可以构建两个维度的雷达图(如图 7-2、图 7-3 所示,其中 A、B、C 分别代表不同的比较对象),以此来确定现代航运服务业发展模式的基础依据。

基于上述分析,可以将比较对象的现代航运服务业发展模式分为三类:

①基础型,现代航运服务业作为航运货载中心,实现传统航运产业服务的集聚;

②服务型,现代航运服务业作为航运服务中心,围绕着船舶运输产生的辅助服务业务,如船舶融资、买卖,船舶登记,入级,保险,船员培训、管理,航运法律、仲裁,航运中介,船舶代理等;

③知识型,现代航运服务业作为航运控制中心,实现航运信息的共享,包括与国际航运有关的信息及数据的收集、处理、分析及颁布的专门机构;成为航运界重要组织和规则制定的所在地,如政府间的海事和与海事有关的机构,非政府间的专业协会,航运组织,海事仲裁和与航运有关的企业、公司的总部等;作为创新能力的发源地,包括行业新标准的制定,新理念的形成,新方法、技术及业务实践和形式的发源及推广,并有能力对此进行长期控制、发展和经营。

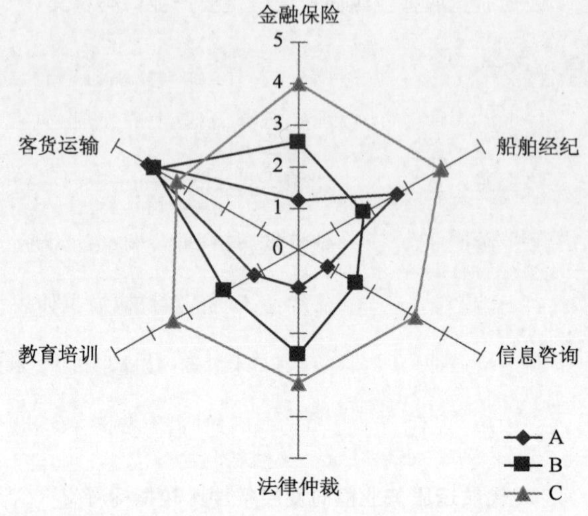


图 7-2　现代航运服务业纵向产业链主要产业发展比较

注:分值分为五档,即 1 ~ 5,分数越高,发展越好,每项指标最终得分为专家打分后的加权平均分,即分数总计/参与打分的专家人数。

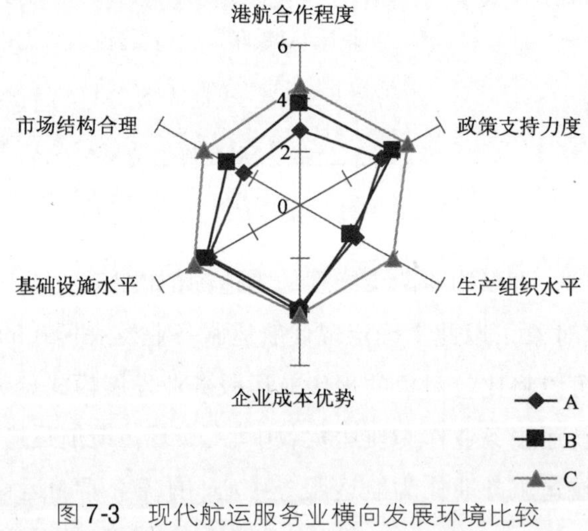


图 7-3　现代航运服务业横向发展环境比较

注:分值分为六档,即 1 到 6,分数越高,发展越好,每项指标最终得分为专家打分后的加权平均分,即分数总计/参与打分的专家人数。

## 7.3　现代航运服务业产业布局选择方法

一般而言,产品、劳务是产业之间最基本的联系。而在地区发展当中已有产业将与现代航运服务业的新兴产业在产品、劳务上"共享"特征极为明显,存在广泛、复杂的和密切的经济联系。以船舶工业为例，与现代航运服务业中的船舶交易有着紧密的联系。通过相关性分析方法研究产业之间的关联度，结合产业规划，判断现代航运服务业发展形势。

船舶工业是综合性极强的一种产业，包括船舶设计、建造、维修、拆解、船用配件制造及加工等多种业务门类。而船舶工业兼有广泛的产业关联度、大量吸纳劳动力的特征及带动整个国家的综合工业、参与国际竞争的特点。一些地区形成新建或二手船舶交易多个集聚地，其船舶交易产业发展具有极强的"内生性"，多数市场交易需求源于本地船舶工业的繁荣发展。通过对地区某个时间段的船舶工业产值总额（修造船、船用配件制造产业产值）与船舶交易金额（当地船舶交易市场交易额）的相关性分析，分别设两个量为指标 $x$ 与 $y$，其样本值分别为 $x_i$、$y_i(i=1,2,3\cdots,n)$，则指标之间的相关系数为：

$$r_{xy}=\frac{\sum_{i=1}^{n}(x_i-\bar{x})(y_i-\bar{y})}{\sqrt{\sum_{i=1}^{n}(x_i-\bar{x})^2}\sqrt{\sum_{i=1}^{n}(y_i-\bar{y})^2}}$$

其中，

$$\bar{x}=\frac{1}{n}\sum_{i=1}^{n}x_i,\bar{y}=\frac{1}{n}\sum_{i=1}^{n}y_i$$

依据上述公式，对两个变量的数据进行相关性分析，可以对航运交易产业发展进行地区的发展布局。如以浙江为例，其航运交易（主要为船舶交易）布局以舟山作为船舶工业发展的核心区，嘉兴、温州作为重要建设区，温州、宁波作为服务配套区，以此构成浙江省船舶工业发展整体架构，为浙江省船舶交易及相关配套产业发展创造丰富的资源基础。

第 8 章
CHAPTER 8

# 我国现代航运服务业发展思路及建议

## 8.1 我国现代航运服务业发展主要原则及目标

### 8.1.1 促进我国现代航运服务业发展的主要原则

基于内外部环境,促进我国现代航运服务业发展需注重以下原则:

第一,深化改革,着力创新。坚持制度改革和政策创新相结合,努力消除不利于现代航运服务业健康发展的体制障碍、政策障碍,加快构建与国际接轨的现代航运服务体系。

第二,市场主导,政府引导。努力营造支持和促进现代航运服务业健康发展的政策环境,充分发挥市场配置资源基础性作用,通过有序竞争提升我国现代航运服务业的整体水平和国际竞争力。

第三,突出重点,统筹协调。加强现代航运服务业发展的顶层设计,强化政策扶持,积极示范探索,以国际航运中心和自由贸易试验区建设为重点,推动现代航运服务业各要素和各领域的协调发展。

第四,合作发展,互利共赢。注重现代航运服务业与关联产业的合作发展,坚持相互融合、互利共赢,促进产业集聚区和产业链的形成,增强现代航运服务业对经济社会转型升级的积极作用。

### 8.1.2 我国现代航运服务业的发展目标

结合现有基础和发展优势,提出到2025年我国现代航运服务业的发展目标:即基本形成服务优质、功能齐备、竞争有序、制度健全、监管到位的现代航运服务业体系。进一步发挥现代航运服务业优势地区的产业集聚效应,推进我国国际航运中心与自由贸易试验区政策落实,形成一批具有国际竞争力的航运服务企业。现代航运服务业发展与我国航运业转型升级相适应,对国际航运资源配置作用显著增强,现代航运服务业综合竞争力和服务经济社会发展的能力进一步得到提升。

# 8.2　我国现代航运服务业发展措施建议

## 8.2.1　促进传统航运服务业升级转型措施建议

(1)促进船舶管理行业发展的措施建议

①推动船舶管理行业法律法规的完善研究。由于我国引进第三方船舶管理的概念比较晚,因此当前对第三方船舶管理还基本停留在传统第三方船舶管理理念的水平上。目前国内对于第三方船舶管理公司的管理法规主要体现在两个文件上,即 2001 年 10 月 1 日实行的《国内船舶管理业规定》和 2002 年 1 月 1 日开始实行的《中华人民共和国国际海运条例》。虽然其中均提到船舶管理的概念并进行粗略规定,但还需要进一步发展完善,尤其在落实和量化由于第三方船舶管理而引起的民事责任等方面,还有待进一步探讨。建议上海有关政府部门推动行业法律法规的完善问题的研究工作,并逐步试点实施。

②实施灵活优惠的税收政策,吸引国内外船舶管理公司入驻。凭借良好的经营环境和优惠的税收政策,中国香港、摩纳哥蒙特卡洛成为世界船舶业的分布中心,吸引众多的船舶管理公司和机构安营扎寨。以上海为例,建议上海市在贯彻国务院 19 号文件“建设上海国际航运中心”和“发展高端航运服务业”的过程中,适当给予第三方船舶管理公司税收优惠政策,从而吸引国内外船舶管理公司入驻上海,推动船舶管理业的快速发展。例如,适当减免第三方船舶管理公司的营业税和船员工资税收,并可选取几家第三方船舶管理公司进行试点实施。除了提高上海船舶管理水平外,发展第三方船舶管理公司也有利于吸引更多的国内外船舶公司在我国登记注册,提高中国籍船舶的总吨位数。

③规范船舶第三方管理,设定市场准入标准和淘汰机制。对于国内船舶管理公司不专不精的情况,可以通过加强市场规范,采取设立市场准入标准的方式,提高船舶管理业整体水平。例如,可以对船舶管理公司通过资质认证人员数量设定一定指标,只有某几项指标达标时才能下发经营许可证。同时,设立适当的淘汰机制,对管理事故频发、专业资质不达标的公司,没收其经营许可证书。

④培养高素质的船舶管理人才。市场经济的竞争就是人才的竞争,船舶管理业务非常复杂,涉及环保、航运、保险、法律、管理等学科专业。因此,作为专业的船舶管理公司,

要不断接纳和吸收专业的高素质人才,从航运行业和高校招聘优秀的人才,以适应上海船舶管理事业的快速发展。在船员招募方面,效仿国外船舶管理公司建立具有完整体系的招募制度。通过船员适任证书严格审查和安排上船试用来选拔高级和主要船员。在新船员培训方面,应该建立专人负责对新船员上船实习和生活制度,安排专人对新船员进行"传、帮、带",把住安全关,提高船员专业技能和安全意识,以防止发生人身伤亡事故。同时,在企业内部和企业之间建立交流平台,定期组织船舶管理技术和安全管理经验的总结会和交流会。

⑤借鉴国外第三方船舶管理先进经验,推进船舶管理专业化服务。第三方船舶管理在航运业中是一个新兴的行业,是船舶管理服务创新和专业化的重要体现。我国在第三方船舶管理服务方面起步较晚,目前的发展很不成熟,因此必须借鉴学习国外第三方船舶管理先进经验,推动中国本土船舶管理服务的创新和专业化发展。由于第三方船舶管理需要长期的船舶管理经验、专业优秀的管理队伍、良好的企业形象、全球性的岸基网络及充足的资金等,所以结合上海船舶管理的实际情况,通过与国外知名船舶管理公司合资成立的第三方船舶管理公司,是目前比较可行的方法。

(2)促进航运代理(船舶代理及无船承运)的措施建议

①规范航运代理市场秩序,促进行业健康发展。一是规范航运代理行业准入门槛,促进航运代理市场发展。二是鼓励航运代理企业合作联营、组建联合体,培育服务网络覆盖全国乃至全球的大型航运代理企业,着力改变代理企业"小、散、乱"的状况。三是继续完善无船承运运价备案制度,支持运价备案中心等功能性机构有效运行,不断加强无船承运市场的日常监管力度,切实保障无船承运市场规范发展。四是建立科学的市场监管手段,大力推动航运代理领域诚信体系建设:加强市场监管部门与信用服务企业合作,构建企业"守信便利、失信惩戒"的机制;鼓励和支持本市船舶代理、无船承运企业参加诚信守法及等级评估,促进航运代理行业规范自律;五是充分发挥上海国际货运代理协会、船舶代理协会等中介组织的作用,开展价格调查,鼓励船舶代理、无船承运企业加强自律,规范市场行为,引导市场健康发展。

②鼓励航运代理企业转变服务理念,加快转型,多元化发展。随着航运企业向现代物流运营商转变,对航运代理服务也不断提出新的要求,传统的船舶代理、无船承运等航运代理服务已难以满足市场竞争的需要。因此,船舶代理、无船承运企业必须转变观念,摒弃传统的"中间人"身份,牢固树立以诚信为本,以客户为上帝的经营理念。相关部门要鼓励航运代理企业立足代理主业,以现代物流理念加快转型发展,拓展服务范围,突出服务特色,向服务多元化发展,以更好地服务于航运主业。

③探索对无船承运人管理采用多种方式相结合的制度。国际上保证金制度并不是唯一的财务责任担保方式，其财务责任的提供方式有三种：提供保证金、投保责任保险、提供保证。我国目前的无船承运管理制度只有前两种，且第二种也不是完全意义上的责任保险。第三种提供保证是指债务人以外的第三人为债务人履行债务而向债权人提供的一种担保，即保证人和债权人约定，当债务人不履行债务时，保证人按照约定履行债务或者承担责任的行为。一些地区在促成无船承运人保证金责任保险制度出台做了重要工作，建议继续争取国家有关部委支持，完善无船承运人保证金制度，结合我国航运和金融实际情况，在实施无船承运人保证金和责任保险两种制度同时，探索使用“提供保证”财务责任担保方式，促进无船承运市场的健康、快速发展。

④进一步优化航运代理口岸环境。一是深化推进口岸通关无纸化改革，进一步加强电子口岸“大通关”平台建设，继续深入推进“一单两报”试点、关检联网核查、关税电子支付、提货单电子签章放行等工作，努力为航运代理企业提供优良的口岸环境。二是推进物流信息平台的标准化，努力做到航运代理企业与航运企业、口岸联检部门信息联通共享、数据兼容和格式统一，逐步形成与国际通行标准接轨的一体化监管平台，提高航运代理企业信息化水平，提高EDI服务便利化，推进无纸化通关，降低通关环节的单证差错率，有效提高服务水平和效率。

⑤稳步推进和完善航运代理行业“营改增”改革试点工作。贯彻落实《关于交通运输业和部分现代服务业营业税改征增值税试点若干税收政策的通知》(财税〔2011〕133号)有关规定，稳步推进试点地区率先在交通运输业和部分现代服务业开展营业税改征增值税试点，船舶代理等代理行业为主要受益领域之一，建议做好“营改增”对船舶代理等企业影响的调研分析，通过多种渠道向国家有关部门反映航运代理企业在试点中遇到的问题和减税需求，根据试点效果，提出进一步完善相关政策的建议，切实降低航运代理环节及航运产业链总体税负。

⑥完善航运代理行业有关管理规定。目前我国法律法规对船舶代理的准入资格限定较少，准入门槛比较低；另一方面对船舶代理公司的资格、职责和监督管理等缺乏强制性管理规定，《国际海运条例》并没有对国际船舶代理的管理进行规定，对其违法行为也缺乏行政处罚等手段。因此，建议国家有关部门尽快出台对船舶代理相关业务管理规定，制定统一措施，以推进船舶代理市场监管工作进一步规范化和制度化。无船承运业务经营者保证金责任保险制度目前也尚无上位法依据，需要修改《国际海运条例》，加以明确。

(3)促进船舶检验与登记行业发展的措施建议

①大力拓展船检人才队伍,调整人员任用模式。自 2007 年起我国开始实行注册验船师制度,在全社会推行验船师持有职业资格证书,只要达到国家规定的申请条件,个人即可自主申请参加职业技能考试或鉴定。在通过相应的审核后,合格者就可以获得劳动保障部门核发的相应验船职业资格证书,以缓解目前的验船人才短缺。注册验船师制度的实施,促进了船检专业人员素质的提高,规范和强化了对验船专业人员的管理,使验船师作为社会行业由部门管理上升到社会管理和国家管理的层次。建议上海进一步加强实施和完善此制度,根据实际情况,调整改进资格要求和考试方法,使验船师既能达到行业人数上的要求,又能保证人员质量。

②加强验船师队伍和机构能力建设,提升服务能力。建议管理部门和各航海院校共同建立、推行和完善验船师培训体系,制定验船师培训规划及纲要,建立多种模式的培训机制,针对新的技术手段和船舶标准,开展多层次、多形式的验船师培训,不断提高验船师的质量、服务意识和业务能力,确保验船师的知识结构和专业素质满足现代航运发展的需要,比提升服务能力。

③探索船舶质量长效监管机制。2007 年,国家海事局颁布了《国内航行船舶船体建造检验管理暂行规定》和《关于加强建造船舶检验和管理的通知》等文件,要求加强对船厂生产条件的开工前的检查力度。建议建立船舶全周期、全过程监控机制,不断丰富管理手段,加强船舶建造、营运阶段管理,及时跟踪国际船舶拆解研究动态,实施并确保船舶生命周期全过程的质量监控,以保证船舶建造与修理的质量和提高船舶检验质量、效率。

④地方船检机构积极开展与中国船级社的共建活动。上海地方船检机构与中国船级社共同合作交流,可有效整合船检机构的资源,充分发挥各自优势,取长补短,实现资源共享,开展互相交流、学习活动,杜绝少部分船主在各家船检机构之间寻求逃避规范约束的机会。

⑤加紧研究船舶船籍外移的内在原因,制定船舶“回归”登记政策。要从税收制度、船舶注册制度、公司注册制度、船龄限制、船级保留、注册国声誉、经商环境等方面来对比研究分析我国船籍外移的原因,并针对船籍外移对我国在国际海事组织中 A 类理事国地位、我国的航运大国地位、影响国家安全保障、造成对本国产业受到冲击等方面进行详尽的辨析和论证。从上海实际情况出发,制定更加有针对性的船舶登记服务政策和制度设计,吸引中资船舶“回归”登记。

⑥提高服务意识,建立国际化服务理念的船舶登记机构。在国际上实行开放登记的“方便旗”籍国家均把船舶登记当作商业模式来运作。如果船舶登记服务不能提供具有

国际竞争力的服务理念，这将使已经习惯国外登记机构便捷、优质服务的船东感到无所适从，最终导致我国国际航运船舶特殊登记制度吸引中资“方便旗”船回归登记的可能性大打折扣。因此，必须提高船舶登记机构服务意识，提供便利的登记程序和服务效率。可以考虑建立一个站在国家立场、一直与船东保持良好合作交流关系的非营利性中介服务机构，为前来登记的船东提供一站式服务，以提高工作效率和服务质量。

(4)促进船员劳务行业发展的措施建议

①健全法律法规，管理机构权责分明。我国现已公布《中华人民共和国船员条例》及一系列相关法律规定，但尚不成体系，对船员劳务服务市场没有一个系统的管理。建议相关部门针对目前现状出台相关制度，配合已有或即将生效的法规，对现有制度和措施做相应调整，使我国的船员劳务市场具有一套完整的管理体系，船员劳务市场真正做到有法可依、有章可循、规范有序。

②扩展国际船员市场，规范外派公司管理。政府相关部门要高度重视船员劳务外派业务，从全局出发考虑和制订我国外派船员劳务中、长期总体发展目标和具体实施纲要，从宏观上指导我国外派船员劳务事业的发展。进一步加强中国外派船员协调机构的地位和力量，这是船员劳务外派事业发展和壮大的最有力保障。目前我国只有数量有限的公司获得船员劳务外派经营许可权，但这些公司并不全部从事船员外派业务，而另一方面，大量无经营许可权的公司却在从事船员外派业务，致使市场不规范。政府相关职能部门应一手放宽政策，对需要船员劳务外派的公司或部门，将一些证件、手续办理方面的权限放松；另一手加强管理，根据现有法律法规规定，对不符合资质要求的外派机构责令改进或及时清理。

③加强船员教育，适当调整高级船员准入门槛。针对目前高级船员不足的现状，建议上海有关政府部门充分重视航海类教育的重要性，增加对航海类教育的投入，扶持航海类专业发展。在管理模式上，建议对航海类教育采取相对独立于其他专业的管理模式，给予更多的自主权，吸引更多的优秀航海类师资从事航海教学，也可以尝试师资聘用新途径。例如，临时招用有海上资历的高级船员担任教师等。在教育培训模式上，采取多渠道培训模式，适应不同层次人员的提升要求。在获得足够的航海训练设备和满足要求的师资力量的基础上，开展不同层次的船员培养方式。在现有的全日制本科、专科、高职、函授和其他专业培训的基础上，开展非航海类专业大中专毕业生转入船员行业全日制专业教育与培训，以提高船员的综合素质水平。另外，建议适当调整高级船员准入门槛，作为对高级船员断层补充一个有效手段之一。对有志进入海运业的非航海类专业的大中专毕业生以及高中毕业生，应尽快制定相应的扶持措施，为他们提供成为船员的捷

径，并向全社会公布和宣传。

④改革与完善船员劳务市场服务体系。2009年，我国建立了由交通运输部、海员工会组织、中国船东协会负责的涉及海员权益保障的三方协调机制，上述机构分别代表政府、船员、用工企业的利益。同时明确，各省市可因地制宜建立相应的协调机构。建议在上海地区建立地方级别的三方协调机制，为上海建设国际航运中心打造良好的人力资源环境。为了加强船员劳务服务行业建设，建议我国各地区可建立地区性行业协会，根据行业整体发展现状，编制中国船员劳务市场相应规划和规则，为正确引导行业整体发展出谋划策。针对船员劳务服务机构存在的问题建立一套完善、科学的行业标准体系，使整个船员劳务市场形成公开、公平、公正、规范、有序的良性竞争环境。

⑤探索新的外派方式及培训、管理模式。我国船员的传统外派方式是整套派出，至少半套或大半套外派，甚少散派方式。现在我国在东南亚劳务市场上的占有率已近饱和，且租金偏低，大规模开辟高租金的欧美劳务市场势在必行，但欧美习惯于散派的方式，而且在不熟悉中国船员的情况下，不太可能整套使用中国船员，因此如果固守传统的观念，将不利于尽快开辟和占领市场。目前我国现有海员外派机构应当探索、实行新的外派方式，同时，在培养及再培训高级船员时，应特别关注高级船员的工资分配、管理控制、绩效考核及如何减少船员的非正常流失率等方面。

### 8.2.2 加快高端航运服务业快速发展措施建议

(1)促进航运金融行业发展的措施建议

①研究出台促进航运融资业务发展政策。建议尽快研究出台促进航运融资业务发展的政策，包括，适度放开航运融资渠道，对贷款利率给予一定的优惠；针对法人或自然人买船、造船等航运投资行为，减免投资人的单位营业税、所得税等；允许民间集资、合伙抵押贷款等方式，参股买船、造船，并给予优惠的贷款利率；在国际航运综合试验区先行开放外资航运金融经营许可。引进外资航运金融机构，促进国际航运金融业务的交流和发展；把海外向国内中小船公司融资的金融机构引进国内，从而改变国内船公司在海外融资方式。同时，鼓励国内已有中外资银行逐步开拓船公司融资业务。

②规范航运保险业务发展，试点市场适度开放和创新。针对目前航运保险发展不规范问题，尽快出台相应政策予以规范，并尽快研究保险业务适度开发和创新发展的政策机制。大力支持具有较高技术水准的专业性保险、再保险公司的发展。推动国内航运互保协会的发展，鼓励国外著名互保协会在我国设立分支机构，开展相关业务。不断扩大

船舶保险品种。加快开发与国际接轨的航运保险新品种,尤其是航运责任险。明确航运责任保险具有一定担保、保证的法律效力。发展新型的保险种类,多渠道发展大型项目运输保险、运输责任险等相对复杂的险种,以满足市场的多种需求。

③规范和完善航运衍生品交易。为促进我国航运运价衍生品的开发,应在深入的市场调研和反复论证的基础上,构建中国航运期货衍生品的交易平台、结算平台和信息平台。遏制航运交易投机行为,政府应尽快出台相应的政策,有效遏制航运运价交易的投机行为,限制个人和非航运企业的参与,鼓励航运企业参与投资,从而发挥运价交易的"套期保值"的关键功能。推进运价历史数据公开查询和学者研究。以上海为例,目前运价数据信息与国际数据相比,不够公开,难以查询和验证历史数据。未来应推进运价历史数据的公开查询工作,鼓励国内外相关学者从事中国运价指数的研究工作,从而不断发现、研究与解决问题,逐步提升中国航运指数的国际学术影响力。

④积极探索发展航运金融业务模式创新。2009 年国务院意见赋予离岸金融、融资租赁、期货保税交割等业务在国际航运发展综合实验区的框架下先行先试的特权,同时从企业的发展需求以及上海两个中心建设战略布局需要的角度,特别需要探索航运金融的具体业务模式,可考虑与跨国公司全球布局以及与国际贸易、国际结算相适应的离岸金融业务。目前阶段可以从赋予注册在航运试验区的企业境外企业待遇,可以开设离岸账户用于国际结算和跨国资金调拨;适应大宗商品在试验区集聚特征的期货保税交易功能。目前阶段可以先从期货保税交割环节开始试起,待模式运作成熟后,再引入境外交易者,推动期货保税交易功能的落地;为船舶等大型航运设备提供融资的融资租赁业务,现阶段利用类似境内关外的特殊地位,通过设立项目公司,开展单船单机的融资租赁业务,但必须完善配套政策和业务管理机制。

(2)促进航运法律及仲裁行业发展的措施建议

①推动航运立法,尤其是航运服务业方面的立法工作。建议建立较完善的海事行政立法程序,保证地方海事立法与中央政策出台同步,形成将地方特色与全国统一相结合的航运政策立法体系,并以上海航运中心建设为契机,加强航运立法研究工作,并针对航运服务业,以条例的形式,开展航运服务业相关内容的地方立法工作,以此适当推动中央立法进程。

②加强航运法律服务人才建设。建议加强航运法律服务人员教育,以建立一支国际化、专业化、规模化的海事律师队伍,造就一批具有世界先进水平和国际竞争力的律师事务所;海事法院培养一批专业审判人员;在航运仲裁业方面,培养一支专业化、规模化的航运仲裁员队伍,提升我国航运仲裁的国际声誉。建议律师进入政府决策层,以法律顾

问的形式在规避政府决策中的法律风险、树立政府的法制形象等方面发挥应有的作用。

③加强航运鉴定、评估机构建设。建议从政府层面推动建立具有行业指导性和较高权威性的管理、复议、协调机构,增加航运专业鉴定、评估机构的数量,有效引入市场竞争机制,促进诚信度和公信力的提升。

④适当调整仲裁制度,加强航运仲裁建设。建议将航运仲裁真正纳入我国国际航运中心进行全局规划和部署,进一步完善海事纠纷诉讼与非诉讼解决方式的衔接机制,充分发挥航运仲裁机构的作用,促进海事司法与海事仲裁的良性互动,争取在交通运输部门和司法部门的支持下,制定并推广以上海为仲裁地的船舶买卖、船舶租赁、船舶建造、船舶修理等航运交易推荐格式合同。在目前上海海事仲裁发展还比较薄弱的情况下,建议政府采取一定的措施支持海事仲裁事业,例如对政府投资的项目,可在合同中约定发生争议时优先选择本地仲裁机构进行仲裁。在仲裁制度上,我国实行机构仲裁,即当事人需要在仲裁机构提供的仲裁员名单中进行选择。从现实情况来看,大多数海事仲裁员都是律师,而解决海事纠纷有时更需要技术知识而不是法律知识。而英国伦敦承认临时仲裁,即只要符合一定资质的人,都可以被当事人选作仲裁员。这些人可以是律师,也可以是航运经纪人、验船师,有很大的自由性。建议可在具备条件的地区尝试在指定的仲裁员名单中,增加人数,并吸收律师之外的专业人士参与。尽量提高当事人选择仲裁员的自由度,以此增加国内仲裁的吸引力;建议进一步争取政府层面支持,发挥本国航运仲裁机构的作用,如对于政府出资的项目,优先选择本国航运仲裁机构仲裁。同时加大上海格式合同的推广力度,加快推广上海标准。

(3)促进航运交易行业发展的措施建议

①加快区域信息网络一体化建设。信息集成度不高、各部门间信息兼容性不强,必然影响各地区、各部门的信息的流转和沟通,最终影响航运交易的综合效率和整体效益。因此,国家应研究并出台相关的航运信息系统建设标准,统一信息网络建设口径,最终实现不同地区、不同部门信息有效衔接。

②提高航运交易专业化水平。应加快航运交易管理专业化、企业专业化、人才专业化和金融专业化水平。管理专业化方面,航运运价交易衍生品应有专业的监管、政策和法规;在企业专业化方面,航运企业、码头企业和货主企业应具备产品差异化、经营规模化以及产出效益化等特质;在人才专业化方面,应通过各种培训使得航运人才具备相当的技能和素质,比如具备扎实的航运专业基础及工作能力、熟知国际惯例、较高的英语水平、精通航运政策法律、善用衍生品工具等等;在金融专业化方面,要形成具有航运专业背景的航运租赁公司、金融企业航运部,要有多元化的融资模式,要有充裕的贷款、基金、

资金等等。

③完善航运经纪发展环境。目前注册在上海的航运经纪公司与英国伦敦、新加坡、中国香港相比,税赋明显较重。借鉴英国伦敦、中国香港航运经纪发展经验,应加快完善上海航运经纪服务的发展环境,提供法律体系完善、财税和外汇政策宽松的环境。尽快在政策设计和入门监管上作出相应规定,创造经纪人制度发展的氛围,防止和减少航运经纪业务向境外流失。建议积极争取国家有关部委支持,完善航运经纪税收制度,加大对航运经纪人的财税支持力度,切实降低税收负担,吸引更多国际知名航运经纪公司注册。在上海开展经营活动,并吸引有规模的航运经纪公司以上海作为地区总部,提供高水准服务,努力打造亚洲区航运经纪中心。

④完善航运经纪人才认定制度。完善现有人才认定标准,制定科学合理、适合航运经纪引进的人才认定标准,为吸引、培育、发展和保留专业化程度高、国际市场参与度高、国际业界知名度高的国际航运经纪人创造积极条件,在人才引进落户、子女上学等方面给予政策优惠,吸引优秀航运经纪人才在我国航运发展优势地区集聚。

⑤建立健全航运经纪培训模式,培养高素质航运经纪人队伍。航运经纪活动对航运经纪人员的素质要求极高。建议组建较权威的培训力量开展航运经纪人的业务知识培训和法律知识培训等,切实有效提高航运经纪人业务水平和素质,可吸收世界著名航运经纪人机构参与到上海航运经纪人培训工作,建立与国际接轨的专业课程培训考核体系,提高航运经纪人执业水平。

⑥扩大航运经纪准入推广。加强行业管理是提升航运经纪人质量的关键。逐步建立企业内控、行业自律、政府监管、社会监督“四位一体”的监管体系。政府主管部门应该参照国际惯例,结合我国航运经纪业实际,完善航运交易经纪人资格制度,进一步做好航运经纪人试点推广工作,加强制度和机制创新,寻求推广航运经纪人制度的政策路径,引导发展航运经纪业,形成良好发展环境。

(4)促进航运交易与培训的措施建议

①完善航运培训体系。完善航运人才引进制度,优化人才发展环境,通过人才奖励措施,引进一批海外高端航运人才;对地区总部企业、高端航运服务企业、国际组织分支机构等落户给予政策优惠。完善从业资格认证制度,培养一批与国际接轨的航运金融、航运保险、航运经纪、海事仲裁、空中交通等高端专业人才。建立国际高级航运学院,构筑国际化的开放平台,在职培养航运贸易、航运金融等复合型高端人才和航海、邮轮经营管理等紧缺人才。加强船员市场建设,依托中国船员发展与保障中心设立在上海的优势,打造船员劳务交易平台,面向全国船员,提供船员劳务市场需求信息;提供船员法律

咨询服务,保障船员合法权益;提供船员履约培训、业务培训、知识更新等培训信息。发挥上海船员服务协会作用,依法搞好船员管理,提高船员管理水平;建立国家级船员评估中心,提高船员综合素质。

②推动航运教育模式改革。改革航运高校航运专业配置,根据现代航运服务业的发展需求,进一步增加航运金融、航运保险、邮轮经济等复合型专业设置;对航海等紧缺专业,允许海事院校自主招生,扩大紧缺专业自主招生规模,拓宽再教育渠道,为人才需求提供保障;专业科目教材推陈出新,课程内容与国际规则和国际先进技术潮流接轨;以大学生见习基地为载体,建立若干产学研联盟,促进实践性人才和复合型人才的培养;提高航运教育机构教师队伍的素质,重点支持航运重点学科领域教师出国(境)培训,进修和参加国际学术交流活动。

③重点发展协会型职业培训模式。充分调动和发挥协会、组织在职培训中的优势作用,鼓励以研究机构、行业协会等组织为载体,适当引进国外专门的协会、机构或引进国际上具有丰富实践经验的培训教师,建立各类关键、紧缺人才的培训基地或培训平台,以国际通行的会员模式培训和发展国际化专业人才,为我国国际航运中心培养国际化的航运高端人才。

(5)促进航运信息与咨询行业发展的措施建议

①切实重视航运研究咨询业与科研的建设和发展。应深化认识,转变观念,加大投入,切实重视航运咨询业与科研机构的建设和发展。政府必须借助航运研究优势,强化与航运相关的研究功能,进行理念创新,大力支持有前瞻性研究和政策性研究,使航运研究兼具经济效益性和社会效益性,既要为航运业界提供独到的分析建议,又能为政府部门掌控航运发展趋势、驾驭经济发展全局提供政策依据。积极建设海运信息枢纽与推进海运信息发布。建立中国的国际海运基础信息库,就海事、海商、贸易、司法等有关航运的各个领域有针对性地收集、统计、整理和积累数据及资料,并且定期公布。形成具有世界影响力的中国国际海运信息库,以确立中国国际航运中心的航运研究和信息服务的核心地位。

②借鉴和适度引进欧洲等先进航运研究与咨询机构发展经验。在培育国内一流的航运信息咨询服务和科研机构的同时,可以发挥信息引导市场的作用,适度鼓励国外著名的航运研究机构、航运媒体在我国设立分支机构。应借鉴和适度引进欧洲等先进航运研究与咨询机构的发展经验,逐步壮大中国现有航运决策咨询研究组织。“他山之石,可以攻玉”,可以借鉴“借鸡下蛋—蛋孵鸡—鸡下蛋”的模式,以达到锻炼航运研究队伍之目的。应当在机构、制度、人才、财税和信息等方面提供更好的保障,学习借鉴国外的航

运研究发展经验,逐步培育国内一流的航运咨询服务和研究机构,发挥研究能力引导市场的作用,使中国的海运决策咨询研究组织布局更加合理、内部机制更加完善、自身能力得到提高。

③重点培育民间海运决策咨询研究组织。苦练内功,整合资源,尤其要培育民间海运决策咨询研究组织。若要具有较强的航运研究能力,须借鉴和学习国外的经验,更重要的是在研究实践中提升自身的研究实力,尤其是要培育民间的海运决策咨询研究组织。产业化和市场化是海运决策咨询研究发展的方向,西方发达国家民间航运咨询活动异常发达,随着社会的发展,其已成为政府重要的智力支撑。因此,中国应当从多方面鼓励民间航运咨询组织发展,以市场机制促进航运咨询发展和研究实力的提升。当前,关键要在制度上细化政府研究机构对我国航运决策咨询研究工作的牵头和统一管理职能,使航运高校、民间研究力量和政府各个职能部门以之为核心联结起来,成为统一协调的航运决策咨询研究体系。

④实施航运文化战略,加强上海航运信息文化建设。针对国内全球性航运行业组织空白,以及我国在国际航运界行业缺乏影响力和话语权现状,成立覆盖航运全行业的组织,如成立“国际航运节”,相当于广交会性质,在节日期间,组织航运业各类别协会(国内、国际)、企业、政府相关部门等,通过组织开展高级论坛、企业文化展览、B2B 交易、文体活动(晚会、赛艇)文化等形式,展现我国航运信息产品和研究力量,增强上海航运中心的地位和话语权。

# 第9章 CHAPTER 9

# 我国现代航运服务业发展配套政策实证研究——以福建为例

## 9.1 厦门船舶登记政策创新试点实践

### 9.1.1 厦门对台船舶登记创新试点背景

近年来,海峡两岸海运业务呈现快速增长的态势。截至2013年,海峡两岸海上直航实施的五年间,两岸直航合计完成海上客运量超过750万人次,货运量超过3亿吨,进出口贸易总额以每年20%以上的速度递增,其排名已经跃居世界第三。但由于中国大陆和中国台湾采取严格登记制度,导致大量国际航行船舶流失到开放地区登记。据不完全统计,2013年,我国船公司经营的远洋船队中有54%的船舶都是悬挂外国旗。这种现状不利于中国大陆与中国台湾海运产业的发展,同时也会影响与海运相关产业。并且,中国台湾地区的许多船东、船公司考虑船舶登记方便、成本等因素,都倾向于在开放登记制度的国家进行船舶登记,其"方便旗"船数量在世界排名第三,已经超过中国大陆。

同时,厦门并未被纳入2007年实施的特案免税登记的试点口岸当中(见《关于实施中资国际航运船舶特案免税的登记政策公告》)。目前,国内一些船企为规避国家重税、降低营运成本,将船舶转移到境外登记,使得悬挂"方便旗"的中资船舶日益增多,对我国船队的良性发展构成了较大威胁。为促进我国航运业健康发展,2007年,交通运输部实施中资国际航运船舶特案免税登记政策,鼓励中资外籍国际航运船舶转为中国国籍。但从目前的实施效果来看,这种登记制度在适用范围、实施时效、政策优惠等方面尚有一定限制,没有达到预期效果。按照政策要求,国家对已在境外注册,符合一定船型、船龄条件的中资国际船舶回国登记免关税和进口环节增值税,让其悬挂五星红旗,在中国港口享受一切中国籍国际船舶待遇,且只交车船税,不交纳船舶吨税,也不强制引航。

为改善上述问题,有必要实施对台船舶登记制度创新,通过吸引台湾船舶到厦门登记,结合厦门对台船员劳务输出的绝对优势,带动台湾航运企业在厦门设立总部、船舶管理公司等,不仅可以吸引台湾航运产业向福建转移,向厦门集中,增加本地运力并形成有效的水路运输周转量,同时也是促进海峡两岸航运大融合的有效途径。从制度创新来看,制定对台船舶登记制度创新有以下方案有如下的必要性:

(1)促进厦门东南国际航运中心及自贸区建设

我国目前在上海自由贸易试验区、天津东疆保税港区改革创新船舶登记制度,意在吸引中资"方便旗"船回归登记,但由于政策不够开放,尚未取得明显效果。厦门要结合东南国际航运中心、福建自由贸易试验区建设的重大机遇条件,力争实施比上海、天津更加优惠的政策,并把政策落脚点放在对台方面。通过创新对台船舶登记制度,将大量台湾航运企业的船舶吸引到厦门登记,不仅将对大陆注册船舶的船龄结构、船舶技术状况有很大改善,船舶运力和载重吨也将有显著增加。同时,也会增加福建的贸易流通量,促进航运产业链的培育和发展,使大量台湾航运企业的船舶在厦门登记后,厦门的名字和标志也将成为海峡两岸海运的一大亮点,这将有力促进厦门东南国际航运中心建设以及对台自由贸易试验区的申报。

(2)降低物流成本,进一步促进两岸间货物和人员的交流

通过创新对台船舶登记制度,以优惠措施和吸引大量台湾航运企业的船舶到厦门登记,其中最关键的是减少注册登记成本和税费成本,从而有效降低两岸间货物往来运输成本,进而降低企业成本,以时效换取优势,减少资金积压,增强两岸企业竞争力;更快捷的船舶登记政策将为海峡两岸海运带来直接便利,由此进一步降低人员的流动成本,减少运输时间,从而增进两岸人民往来,吸引更多大陆观光客赴台旅游、进而使两岸间货物和人员的交流更加密切,两岸经贸合作得到更有利的保障,对于深化两岸间经贸合作有着非常重要的意义。

(3)加快航运政策,创新提高两岸"小三通""大三通"水平

船舶登记制度是个世界性难题,从我国船舶登记现状来看,也是我国迫切需要解决的问题。对台船舶登记制度进行创新试验,是对突破现行我国的船舶登记制度、加快我国航运政策创新的有益尝试,是进一步落实交通运输部关于航运业顶层设计和战略、政策研究的重要体现。通过该项政策研究、试点及后续评估,进一步巩固海峡两岸间贸易往来和经济合作,全面提高"小三通""大三通"水平,朝着"全通、畅通、联通"升级,有力促进两岸交通运输业的快速发展,维护两岸间运输市场繁荣稳定。

综上所述,船舶登记制度是个世界性难题,从我国船舶登记现状来看,也是我国迫切需要解决的问题。在这种形势下,以福建自由贸易试验区为平台,积极支持在厦门进行国际船舶登记制度创新试点,发挥对台优势,构建符合我国国情的国际船舶登记制度,有望吸引大量中资外籍船舶回归中国以及台资船舶悬挂五星红旗,扩大国轮船队。同时,也为厦门东南国际航运中心的发展创造有利的政策条件。

### 9.1.2 厦门实施对台船舶登记制度创新优势

(1)政策支持优势

厦门地区拥有先行先试的良好政策支持政策,可以率先争取到有别于国内其他地区的政策制度,在船舶登记制度方面具有先天优势。一方面,厦门东南国际航运中心建设创造了对台船舶登记制度的创新政策条件,交通运输部及地方政府也为促进厦门东南国际航运中心建设,先后出台了具体发展政策措施,如《厦门市东南国际航运中心人才计划暂行办法》《福建省人民政府关于支持厦门东南国际航运中心建设十条措施的通知》《厦门市人民政府关于贯彻福建省人民政府关于支持厦门东南国际航运中心建设十条措施的实施意见》《福建省人民政府关于促进航运业发展的若干意见》《交通运输部关于台湾海峡两岸间集装箱班轮运价备案实施的公告》等,编制了《厦门东南国际航运中心发展规划》,为其发展建设创造了良好的环境。另一方面,福建自由贸易试验区于 2015 年 4 月 22 日正式挂牌,在其实施方案中也将实施国际船舶保税登记等作为现代航运服务业政策创新。与其之前实施的船舶登记政策相比,在股权结构比例、船龄限制、船级社等准入条件方面有较大突破,是对台船舶登记制度的一大创新。

(2)对台发展优势

按照福建自由贸易试验区发展的思路,厦门将进一步发挥其对台优势,在吸引台资船舶挂靠中转等方面需要进一步发挥功能。从发展现状来看,厦门是大陆对台最大、最早开通的客运港,对台湾本岛的客滚运输和对金门的"小三通"客运、运量都最大。2015 年中国大陆与中国台湾海上客运 150 万人次中,140 多万人次是从厦门港进出。依托对台运输的实践基础,探索更为开放的合作模式,创新便利两岸直接往来的体制机制,扩大对台航运的先行先试优势,促进厦门成为两岸直接往来的综合枢纽。海峡两岸从 1997 年试点直航以来,已经有 20 个年头,双方经贸往来取得了长足发展。因此,需要进一步针对对台船舶登记制度进行创新,优化对台相关的政策条件,成为国内对台发展的"抬头兵"。

(3)要素聚集优势

近年来,厦门航运产业实现跨越式发展。厦门港作为厦门国际航运中心的重要载体,是海峡两岸经济区首个亿吨大港,是我国综合运输体系的重要枢纽、集装箱运输干线港、东南沿海国际性枢纽港口和对台航运主要口岸。适宜港口开发的岸线 114 公里。目前,厦门港全港建成生产性泊位 134 个,其中万吨级以上泊位 58 个、10 万吨级以上泊位

15 个。厦门港已开通国际航线 111 条,2013 年货运总量 1.72 亿吨,集装箱吞吐量 720 万标箱,集装箱吞吐量位居全国第 8 位、世界港口前 20 强。尽管从客观条件上讲,厦门航运要素较上海、天津等地区尚存在一定差距,但从发展角度看,厦门航运要素将不断聚集,具备航运要素聚集优势。

### 9.1.3 促进厦门对台船舶登记制度创新措施建议

(1)成立厦门对台船舶登记中心

船舶登记涉及的环节众多,在办理过程中需要经过多个部门的审核。以目前在厦门地区设立单船公司的进口新造船舶登记为例,从设立单船公司到完成船舶登记注册需要涉及水运局、海事局、工商局、海关、船级社等部门,而且手续繁杂,给企业造成很大的不便。因此,有必要在厦门地区成立以海事局为主导,以有限公司厦门港务控股集团、海关、工商局等单位为辅助的厦门国际船舶登记中心,加强与交通运输部、工商局、海关、船级社等部门之间的沟通和协作,简化登记流程,完善服务体系,为对台船舶登记提供"一站式"服务,解决落户企业的燃眉之急和后顾之忧。

(2)完善对台船舶登记制度配套法律法规

目前,我国在船舶登记制度方面的政策性限制较多,法律法规还不健全,厦门可以以国务院批复福建自贸区方案的契机,结合厦门东南国际航运中心建设的实际情况,制定或争取相匹配的对台船舶登记政策,力争厦门对台船舶登记制度能够顺利实施。

(3)推动相关政策一体化推进

在厦门实施对台船舶登记制度,能够吸引大量台资企业和船舶落户厦门,形成巨大产业辐射效应,带动航运及相关产业的发展,进而促进区域经济的发展。因此,厦门对台船舶登记制度应与厦门的招商、宣传、海事、法律、保险、外汇等政策一体化推进,形成合力,共同促进厦门对台船舶登记的发展。

### 9.1.4 促进厦门对台船舶登记制度创新试点方案

为贯彻落实福建自由贸易试验区实施方案,保障和推进厦门东南国际航运中心建设,引领海峡两岸经济区先行先试、科学发展、跨越发展,发挥对台航运优势,完善现代航运服务体系,加快推动厦门对台船舶登记制度试点创新,加速厦门东南国际航运中心要素集聚,促进两岸经贸交流,维护我国航运安全,制定本方案。

## 一、指导思想和总体目标

### （一）指导思想

立足福建自由贸易试验区发展要求，以厦门为载体，推进对台船舶登记制度创新，对我国现行的船舶登记制度形成有益补充，更好地促进两岸航运发展和团结稳定，维护地区航运经济安全和战略安全；积极开展建设中国特色航运政策实施区的改革探索，增强自主创新能力，提高对外开放水平。

### （二）总体目标

吸引符合条件的台资、中国大陆资本"方便旗"船或者拟在境外登记的台资、中国大陆资本船舶在中国登记，壮大五星红旗国际运输商船队；把厦门海沧打造成中国第一个对台船舶登记的船籍港，加快各种航运要素在厦门的集聚；坚持先行先试，重点突破，以厦门对台船舶登记制度创新为契机，进行中国特色的对台航运政策创新实验的改革探索。

## 二、主要内容

按照福建自由贸易试验区实施方案等文件的要求，积极支持厦门推进对台船舶登记制度创新试点，在保障安全的前提下，有选择地放宽船公司股权结构比例、船龄限制、船级社等准入条件。现从登记条件、船员配备、登记种类等方面开展创新探索。

### （一）总则

1. 主管机关

中华人民共和国海事局是对台船舶的主管机关。厦门海事局为具体开展厦门对台船舶登记业务的登记机关。

2. 船籍港

按照本方案登记的船舶，船籍港为厦门海沧。

3. 航行权

按本方案登记的船舶，取得中华人民共和国国籍，可悬挂中华人民共和国国旗航行。

4. 航行作业区域

按照本方案登记的船舶只能从事海峡两岸及国际航行和作业。特殊情况下，从事工程作业的船舶为海洋石油勘探、开发、生产服务的各类船舶，经交通运输部批准后，可在国内水域施工作业。

5. 双重登记

船舶不得具有双重船籍。凡已经进行船籍登记的船舶，未终止或注销原船籍的（包括中国台湾地区船籍），不得依照本方案取得中华人民共和国船籍。

6. 船舶名称

一艘船舶只准使用一个名称，船名不得与登记在先的船舶重名或同音。

7. 公示

船舶登记机关应建立船舶登记簿，允许利害关系人查阅。

### （二）登记条件

1. 登记主体

满足下列条件的船舶可申请按本方案进行登记：

（1）1500 总吨以上的机动推进的货船、不定期客船、钻井平台及其他水上移动装置，以及从事海峡两岸运输客船、货船，但不包括航行于国际航线的定期客船。

（2）取消船舶登记主体的台资比例限制。

（3）依据中华人民共和国法律在厦门（包括漳州）地区设立的企业法人的船舶。在该法人的注册资本中有外商（不包括台资）出资的，中方投资人的出资额不得低于 50%（国有资产监督管理部门认定的境外中资企业回国投资，其出资可作为中方出资额）；或者该企业法人为境内外商投资企业在厦门（包括漳州）再投资设立的企业。

（4）已经办结海关完税、退税或者保税手续的（如适用）。

2. 船龄范围

按本方案登记的各类船舶船龄应符合如下范围：

（1）船龄在 12 年以下的高速客船、客滚船、客货船、客渡船、客货渡船、旅游船、客船；

（2）船龄在 14 年以下的油船（包括沥青船）、散装化学品船、液化气船；

（3）船龄在 20 年以下的散货船、矿砂船；

(4)船龄在22年以下的货滚船、散装水泥船、冷藏船、杂货船、多用途船、集装箱船、木材船、拖轮、推轮、驳船等;

(5)船龄在22年以下的钻井平台、其他水上移动装置。

上述船舶指船舶自建造完工之日起,至申请船舶登记之日的年限。

### (三)船员

#### 1. 船员配置比例

按照本方案登记并取得中国国籍的船舶,其船长、轮机长和主管机关按要求由中国籍船员担任的岗位,应当由中国籍船员担任;确须雇佣外国籍高级船员的,应当报厦门海事局批准。适当放宽台资登记船舶关于外国籍船员配备的限制,外国籍船员比例可提高至40%。

#### 2. 适任证书

按照本方案登记的船舶上的中国籍船员应持有相应中华人民共和国船员适任证书。持有《1978年海员培训、发证和值班标准国际公约》其他缔约国签发的有效适任证书的船员,应当向厦门海事局申请签发适任证书的承认签证。

#### 3. 其他证件要求

按照本方案登记的船舶上的外国籍及中国台湾地区的船员应依照中国大陆的法律、行政法规和国家其他有关规定取得就业许可,并持有其所属国政府及中国台湾相关主管部门签发的相关身份证件。

### (四)登记种类

#### 1. 登记种类

符合本方案登记条件的公司和船舶可进行以下船舶登记:

(1)船名审核;

(2)核准烟囱标志和公司旗;

(3)临时国际登记;

(4)船舶所有权登记;

(5)国籍登记;

(6)光船租赁登记;

(7)船舶抵押权登记;

(8)船舶融资租赁登记;

(9)变更登记及注销登记。

2.登记程序

船舶按照本方案登记的具体程序,由具体开展厦门(包括漳州)对台船舶登记的机关另行制定。

### (五)收费

船舶登记机关按照规定收取船舶登记费。船舶登记费的收费标准和管理办法参照国家物价局、财政部《关于发布交通部水上安全监督收费项目及标准的通知》(价费字〔1992〕191号)执行。

### (六)相关说明

(1)本方案所称的对台船舶登记是指在厦门(包括漳州)地区试行的在船舶所有人的股权结构、船龄限制等方面与现行的船舶登记制度相比,适度放宽的一种登记形式;并与现行的船舶登记制度在我国并行实施。

(2)本方案所称的船舶融资租赁是指出租人对承租人所选定的船舶,进行以为承租人融资为目的的引进,并以收取租金为条件,将该船舶中长期地出租给该承租人使用的行为。

## 三、组织实施及推动工作

### (一)加强组织领导、建立工作协调推进机制

厦门市人民政府会同交通运输部成立厦门(含漳州区)对台船舶登记创新试点推动领导小组。领导小组下设办公室,办公室由国家海事主管部门和厦门市人民政府相关部门共同组成,负责《厦门(含漳州区)对台船舶登记制度创新试点方案》及相关配套政策的出台和落实推动,督查领导小组议定事项的落实情况。

### (二)严格考核监督,形成实施效果反馈机制

由领导小组办公室组织开展定期和非定期的专题研讨,对本方案落实情况进行阶段性评估,形成报告并及时报送领导小组。

**（三）完善配套政策，为创新试点落地创造条件**

为进一步鼓励台资、中国大陆资本船舶在厦门登记，将对船舶进口关税、进口环节增值税等方面享受保税优惠，具体实施办法另行公布实施，厦门市人民政府负责牵头，由厦门港口管理局协调各相关部门具体研究并形成相关配套政策（含税收优惠、办事流程简化等）内容、方案及实施。

厦门东南国际航运中心是福建自由贸易试验区实施的核心功能区，具有区港一体化的政策优势和功能优势，是综合配套改革的创新平台，按照国务院公布的福建自由贸易试验区实施方案的文件要求，已在积极开展对台航运发展相关政策的改革探索。创新对台船舶登记制度，是推进厦门东南国际航运中心建设的一项重要内容。厦门市人民政府高度重视厦门东南国际航运中心的发展创新，将以厦门东南国际航运中心为平台载体，结合中国国情，与国际通行制度和操作惯例对接，把对台船舶登记制度试点作为促进福建自由贸易试验区、厦门东南国际航运中心建设的重要实践。

## 9.2 福建邮轮运输政策创新试点实践

### 9.2.1 福建邮轮运输政策创新试点背景

随着两岸地区社会经济发展，相互间贸易交流往来日益密切，特别是中国大陆生活水平的提高，更多的大陆游客到香港、澳门及台湾旅游观光，催生邮轮、游船和游艇这一兴起产业，传统水上旅客运输中的一部分已演变为运输与旅游的结合体，邮轮运输市场成为近年来旅游最热门、发展最为迅猛的行业。

中国香港特别行政区三大部分的面积分别是，香港岛约 81 平方公里；九龙半岛约 47 平方公里；新界及 262 个离岛约共 976 平方公里，总面积约 1104 平方公里，土地和水域的管辖总面积 2755.03 平方公里，水域率 59.9%。香港的已发展土地少于 25%，郊野公园及自然保护区的面积高达 40%。

中国台湾地区，是指台湾当局控制下的台湾省（包括台湾本岛与兰屿、绿岛、钓鱼岛等附属岛屿及澎湖列岛），以及福建省的金门、马祖、乌丘等岛屿，陆地总面积 3.6 万平方公里。台湾地区行政区划包括：台北等 6 个台湾当局“直辖市”，基隆等 3 个市，新竹等 13 个县。台湾扼西太平洋航道的中心，是太平洋地区各国海上联系的重要交通枢纽。

在地理范围上，从目前邮轮挂靠的港口来看，海峡两岸暨香港、澳门邮轮运输主要是上海、福建、海南与香港、台湾之间的运输，尤其是福建与台湾、海南与香港之间的邮轮运输较多。由于目前从香港到澳门陆路很方便，尚未有挂靠澳门的邮轮航线，一般“挂靠香港”就视为“挂靠香港、澳门”。其次是国内其他沿海沿江省份与港澳台地区之间的运输。目前北方的天津、青岛、大连也逐步开辟邮轮航线，预计未来也可能有挂靠港澳台港口的航线。

基于上述对邮轮便利化的认识，海峡两岸暨香港、澳门邮轮便利化是指：围绕中国大陆、香港、澳门、台湾之间的邮轮市场，为满足大量游客快速通关需求，采取各种有效、方便、快捷的方法、途径或措施，进行旅客通关流程优化，为旅客邮轮出游创造便捷、安全、和谐的出入境通关的途径。

海峡两岸暨香港、澳门涉及内地的邮轮港口，主要以上海、三亚及厦门为主，以及香港、台湾的邮轮港口。内地主要邮轮码头基础设施建设情况如下：

三亚凤凰岛国际邮轮港。2006 年 11 月，三亚凤凰岛国际邮轮港一期工程 1 个 8 万吨级泊位建成并投入运营，客运联检楼可以同时开放 8 个边检通道，年接待旅客能力为 60 万人次。为满足邮轮业发展的需要，2014 年 4 月，三亚凤凰岛国际邮轮港二期工程开工，二期工程基本建设投资将超过 30 亿元，包括 1 个 10 万吨泊位、2 个 15 万吨泊位和 1 个 22.5 万吨泊位，新建码头年吞吐能力为 160 万人次。预计完工后年接待游客能力可达到 200 万人次以上。

厦门国际邮轮港。厦门国际邮轮中心暨厦金客运码头主体码头岸线 463 米，前沿水深 -12.4 米，岸线海阔水深，可停靠 14 万总吨的大型邮轮兼靠 3 万吨级集装箱货轮，另有 2 个 3000 吨级客运泊位和 2 个工作船泊位，年吞吐能力为 150 万人次，主要为大型邮轮的停靠和厦金航线提供服务。厦门国际邮轮中心由厦门港务控股集团全资投资，运营主体是厦门港务集团和平旅游客运有限公司。

上海吴淞口国际邮轮港。上海已形成“两主一备”的邮轮码头服务体系，邮轮母港功能逐步完善。国客中心拥有 4 个泊位，码头年通过能力为 100 万人次；吴淞口国际邮轮港一期工程 2 个泊位，可同时停靠 1 艘 20 万吨级邮轮和 1 艘 10 万吨级邮轮，年通过能力为 60.8 万人次，2013 年底通过竣工验收。为适应大船邮轮靠泊和客源增长需求，吴淞口国际邮轮港二期工程建设正抓紧推进。

香港启德邮轮码头，是作为香港接待国际邮轮的主要码头，位于九龙城启德承丰道，属于《启德发展计划》首阶段的项目之一。建筑物及首个泊位于 2010 年 5 月动工，于 2013 年 3 月 16 日进行业务测试，建筑物于 6 月 1 日竣工，于同月 12 日投入运营；首个泊位于7月竣工,另一个泊位于2014年9月启用。启德邮轮码头建有两个泊位,水深均达12~13米,泊位共占海达850米×35米,分别可以停泊长达455米及395米的邮轮。其中第一个泊位排水量达11万吨、总吨位达22万吨的世界级邮轮停泊,第二个泊位可停靠中型邮轮。启德邮轮码头的边岸检察设施每小时可以处理达3000名旅客人次。

中国台湾地区的邮轮码头,主要有基隆港、台中港、高雄港和花莲港,其设施条件不同。从运营来看,因基隆港邮轮码头泊位和岸线较多,邮轮挂靠邮轮的比例最大,其次是高雄港、花莲港,主要以中国大陆游客为主。

近年来,全国邮轮市场持续火爆,保持持续高速增长,邮轮旅游吸引力显著提升,并且,我国和周边国家及地区邮轮旅游资源丰富,具备形成东北亚、东南亚、台湾海峡及南海等邮轮航区的资源条件,特别是围绕"港台游"的邮轮业务市场发展迅猛,其邮轮航线由国际挂靠为主转变为始发为主。从全国角度来看,2014年始发航线邮轮到港数量和邮轮旅客吞吐量比例分别达到79%和86%,分别相对于2006年提高了57%和69%。内地沿海主要港口占据港澳台游的主要比例,主要集中在上海港、三亚港和厦门港,2014年该三大港口邮轮到港数量和邮轮旅客吞吐量分别占全国的70%和72%,其中,挂靠上海港的比例分别达58%和72%。从邮轮航线布局来看,围绕上海、厦门、三亚到香港、台湾,及相关延伸航线,形成具有港澳台特色的邮轮航线布局。

在经济发展、消费水平快速提高的背景下,国内邮轮运输市场消费需求也呈现较快增长趋势。并且,国内一些有条件发展邮轮经济的港口城市,也开始抓住机遇发展邮轮经济,制定邮轮经济发展规划,签订城市间关于邮轮旅游的合作协议,建设邮轮母港(或挂靠码头),争取成为邮轮城市等。在政府的大力推动下,上海、天津、厦门、三亚等港口相继建成或正在建设现代化邮轮码头和旅客服务大厅,为国内邮轮经济发展提供前提条件和发展基础。邮轮产业是国际化程度较高的产业,但我国目前尚缺乏符合国际惯例的出入关程序和口岸管理条例。邮轮港口有"出入旅客多、靠泊时间短、通关要求高"等特点,需要良好的通关环境和通关措施,但目前海峡两岸暨香港、澳门邮轮运输市场相关业务开展仍然存在很多瓶颈,如国家对邮轮的出入关管理和口岸管理仍采用一般的出入关程序和口岸管理条例,导致邮轮乘客出入关时间过长,出入口岸不便。现有的出入关程序和口岸管理模式不符合国际惯例,缺乏便利,在一定程度上制约了海峡两岸暨香港、澳门邮轮市场的快速发展。因此,有必要加强对海峡两岸暨香港、澳门邮轮便利化措施研究力度,创新和改进邮轮相关服务,使两岸企业享受相关优惠便利待遇,进一步优化旅客通关流程,提高邮轮配套服务的效率。

海峡两岸暨香港、澳门邮轮运输市场是我国邮轮发展中独具特色的市场,也是香港国际航运中心、澳门繁荣发展，促进台湾海峡两岸深入交流的重要保障。自香港和澳门主权回归以及台湾海峡两岸间互通之后，我国对相关运输按照“实行特殊管理的国内航线”进行管理，其特殊性主要是参照国际航线进行管理。但同时，港澳航线、台湾海峡航线在管理上有具有一定差异和共性，使得市场准入管理出现重叠、多头、交叉等问题。

针对海峡两岸暨香港、澳门邮轮运输中存在的问题，应以交通运输部为牵头，与有关地方交通运输主管部门一起，在市场准入方面采取措施，规范和发展，尤其更加关注和加快培育海峡两岸暨香港、澳门邮轮运输市场的发展，通过以法律法规的方式，建立统一的市场准入制度，从根本上解决问题。

### 9.2.2　福建邮轮运输市场准入政策实践

从目前来看，亟须出台海峡两岸暨香港、澳门邮轮运输市场准入管理的法律法规，按照《关于促进我国邮轮运输业持续健康发展的指导意见》对市场准入研究的实际要求，认为海峡两岸暨香港、澳门邮轮运输市场是作为特殊航线市场，既可以作为特殊的国内航线，又可视为国际航线来管理，这样为邮轮运输市场准入政策创新和试点创造一定条件。同时，我国当前尚没有专门调整和规范海峡两岸暨香港、澳门的基本法律，涉及其相关行政法规，参考《中华人民共和国国际海运条例》、海峡两岸海运协定等其他法律条文的部分要求。但从国内当前快速发展的邮轮运输市场和海峡两岸暨香港、澳门在邮轮运输市场准入管理规范化、法制化、统一化、便捷化得迫切需求，若以规章条例形式立法，需要较长周期，不利于抓住有利发展时机。因此，可以参考《关于外国籍邮轮在华特许开展多点挂靠业务的公告》《关于加强国际海上旅客运输市场准入管理的公告》等，以公告的形式规定海峡两岸暨香港、澳门邮轮运输市场准入的具体要求，暂定为《关于经营海峡两岸暨香港、澳门邮轮运输市场准入的公告》（以下简称《公告》），以作为未来可能出台邮轮运输管理条例的过渡形式。以下对海峡两岸暨香港、澳门邮轮运输市场准入管理的适用范围、管理模式、邮轮企业资本要求、申请条件、雇佣船员要求、市场监管要求等内容加以介绍。

在适用范围上，考虑到港澳线即将下放地方管理，台湾海峡航线的准入进一步放宽，地方在对邮轮运输管理职能将进一步加强。同时，国家对港澳台相关事务管理设有专门机构，统一进行协调及管理，所以在海峡两岸暨香港、澳门邮轮运输的管理体制设计上无法采取全部下放到地方或全部收拢到中央的“一刀切”模式，在尽可能放宽市场准入、方便经营人的原则下，建立合理的中央与地方“分统结合、共同管理”的体制，包括有关跨省(市)运输的管理体制。因此《公告》的适用范围予以明确规定:适用于中国内地对外开放港口与香港、澳门港口,以及台湾海峡两岸之间的邮轮运输。

需要注意的是,邮轮航线沿海多点挂靠业务如涉及海峡两岸暨香港、澳门业务,需同时申请海峡两岸暨香港、澳门的备案批准。关于单独从事澳门的邮轮挂靠,从实践上看,内地与澳门之间的运输业务不多。港澳运输以针对香港业务居多,而且去澳门的旅客往往是经过香港中转到澳门。在备案中参照港澳通行证的方式,实施一并备案批准。

在管理模式上,从目前对内地与香港、澳门间的航线管理,香港、澳门主权回归后,港澳航线的性质发生根本转变,即从"特殊管理的国际航线"转变为"特殊管理的国内航线"。事实上,这种性质上的转变是基于香港、澳门主权回归祖国的政治现实,即香港、澳门是祖国的领土,香港、澳门与内地之间的航线当然是国内航线。除此之外,港澳航线管理的法规政策和体制机制在香港、澳门主权回归前后并没有实质性的变化,并一直延续至今。

在对台湾海峡两岸间航线定义上,由于当前政治的特殊性,主要是依据《海峡两岸海运协议》,交通运输部将其视为"特殊管理的国内航线"。按照《台湾海峡两岸间航运管理办法》(交通运输部1996年第6号令)第三条明确规定,两岸航运属于特殊管理的国内运输。由此表明,两岸航运属于国内水路运输范畴,从事两岸航运经营业务的资本必须是两岸资本,境外资本的航运企业和船舶不得从事两岸间的运输业务;两岸航运有别于国内普通水路运输业务,可参考外贸运输模式进行特殊管理。

鉴于港澳台地区当前在政治方面的特殊性,目前海峡两岸暨香港、澳门邮轮运输航线实行特殊管理,交通运输部对经营海峡两岸暨香港、澳门邮轮运输业务的公司和营运船舶实施备案批准。在审批权分配上,现行的做法是须由国家交通运输主管部门审批。随着行政审批的下放,基于"权责一致"的管理原则,清晰划定国务院与省(自治区、直辖市)交通运输主管部门的权力和责任边界,企业设立由交通运输部统筹管理及最终审批,后续的航线及船舶投运由邮轮企业所在地的省(自治区、直辖市)交通运输主管部门直接审批,审批结果抄报交通运输部,不再由交通运输部审批。该审批权的分配有利于将交通运输部从微观的事务性审批中解放出来,集中精力做好宏观的行业发展规划、政策制定以及地方执行政策的监督与问责,另一方面是调动省(自治区、直辖市)交通运输主管部门的积极性,依据国家行业发展规划和法规政策,严把市场准入关,切实履行好审批权,同时主动做好加强市场动态监管,切实担负起监管责任。并且,船舶、航线审批权限的下放,在保证中央对国外企业在华经营主体的总体把控的前提下,能够简政放权,简化审批流程,提升审批质量和行政效率,符合当前国务院关于行政审批制度改革的战略部署和发展方向。

在审批流程上,尽可能简化审批程序。简化审批并不是无原则的取消审批,而是合并、精简不必要的审批事项和审批环节,减少政府对市场的过度干预问题。按照中央有关精神的要求,深化行政审批制度改革,继续简政放权,推动政府职能向创造良好发展环境、提供优质公共服务、维护社会公平正义转变。

为更稳妥对审批权合理分配,建议在天津、上海、福建、海南四省市开展海峡两岸暨香港、澳门邮轮运输市场准入审批试点,即在省、直辖市一级完成对投运船舶和航线的审批工作。

在准入要求方面,准入要求包括对邮轮公司资本认定、悬挂旗要求、申请需提供相关材料(经营邮轮所具备条件)以及市场监管的相关内容。

(1)资本认定

按照《促进邮轮发展的指导意见》对优化市场主体结构的要求,以在天津、上海、福建、海南四省市开展邮轮运输制度创新试点示范工作为载体和突破点,有条件放宽对邮轮企业的资本要求。采取"适度引进外部资本,鼓励海峡两岸暨香港、澳门资本"的原则,培育和扩大我国自有邮轮发展规模。

目前,我国已允许境外邮轮企业在中国设立独资船务公司(见《外商独资船务公司审批管理暂行办法》以及《关于加强外商独资船务公司审批管理工作的通知》),并依据《中华人民共和国国际海运条例》,在取得有效期内的《国际班轮运输经营资格登记证》,可开展国际邮轮服务业务,并为其所有或经营的船舶提供劳务、签发客票等辅助性经营服务。目前在保护和培育国内邮轮企业发展的前提下,对外资(非香港、澳门、台湾的资本)从事海峡两岸暨香港、澳门邮轮运输业务,在设立独资船务公司的市场准入和经营范围已经适度放开,在现行的条件上可直接参照现有对独资船务公司的管理方式。

因为海峡两岸暨香港、澳门邮轮运输管理涉及多个交通管理部门,特别是对台运输,除需要交通运输部批准外,还需台方交通运输相关管理部门的批准。若对中国内地和港澳台地区资本的企业及船舶采取不同管理方式,中国内地方面的企业及船舶到台方管理部门审批时也必然受到限制,不利于海峡两岸暨香港、澳门邮轮运输的正常发展。因此从原则上对中国内地和港澳台地区资本的企业及船舶应同等对待。

对台湾海峡两岸邮轮运输企业资本要求方面,对其出资比例要求不得超过50%。从调研反映来看,希望能进一步在邮轮投资主体方面放宽台资投资规定,允许台资占比50%以上,使得台湾企业能够参与到中国大陆的邮轮运输发展中。但此做法也可能会使部分外资邮轮企业以台资变相经营中国大陆邮轮运输业务，在现阶段内不建议放开。可根据市场发展情况，可以在福建等地区先行先试邮轮企业“两岸资本、两岸公司、船籍不限”的对台航权政策。

并且，根据国家对上海、天津、福建和广东自由贸易试验区实施方案的思路，可放宽在自由贸易试验区设立的中外合资、中外合作国际船舶企业的外资股比限制，鉴于港澳台地区是视同于特殊管理的国内航线，可进一步放宽资本限制。

因此，考虑当前经济政治因素，建议在海峡两岸暨香港、澳门邮轮企业资本上仍然采取现行相关规定的做法，港澳台及外资仍参照现有相关规定，对目前的政策进行归并和整合。

(2)悬挂“方便旗”要求

按照目前已公布的自由贸易试验区实施方案，允许在自由贸易试验区内注册的内地资本邮轮企业所属的“方便旗”邮轮，经批准从事海峡两岸暨香港、澳门邮轮运输，即可在市场准入当中予以明确，中国大陆资本和港澳台独资或参股经营的邮轮船舶，允许以光租外国籍邮轮船舶，悬挂“方便旗”的形式，常态化运营海峡两岸暨香港、澳门航线，外资独资或参股的邮轮只能采用包租的形式进行单航次或多航次运营。其理由是目前邮轮市场上，中国大陆资本和港澳台独资或投股的邮轮较少，而外资独资或投股的邮轮较多，若全面放开船籍和资本的限制，则海峡两岸暨香港、澳门邮轮市场必将被外资邮轮控制，不利于我国邮轮运输市场的培育和发展。因此，在放开船籍限制的同时须对船舶资本进行限制，保护和鼓励我国本土邮轮运输企业发展。

(3)调整对台的资质申请要求

目前对台直航的船舶需要申请获得《台湾海峡两岸间水路运输许可证》和《台湾海峡两岸间船舶营运证》，而此次研究提出的海峡两岸暨香港、澳门邮轮运输准入条件在申请人、船舶要求等方面已突破《海峡两岸海运协议》等规定的限制，若申请人以此准入条件的要求向交通运输部申请《台湾海峡两岸间水路运输许可证》和《台湾海峡两岸间船舶营运证》则不可能获得批准，其申办海峡两岸暨香港、澳门邮轮运输也就不可能提供相关证书。邮轮相对于货船、常规客船而言更具特殊性，可与台方协商，取消对从事海峡两岸暨香港、澳门邮轮运输经营人需申请获得《台湾海峡两岸间水路运输许可证》和《台湾海峡两岸间船舶营运证》的要求，给开展邮轮业务提供便利。

(4)监督管理

在《公告》当中，需要对不符合相关要求的邮轮公司、未经批准参与海峡两岸暨香港、澳门邮轮运输的行为，予以监督管理。

### 9.2.3　福建邮轮运输便利化政策实践

第一,提高邮轮港便利化水平。参照国际惯例简化签证手续、通关流程,加强与海关、检验检疫、海事、边检等部门协调,推进口岸便利化,全面推广随船办理、登轮办理、信息提前录入、统一发放登轮证等系列通关措施,简化多点挂靠检查手续,出台与国际接轨、科学便捷的邮轮边检制度与免税制度,尽可能缩短通关时间。

第二,加强邮轮航线产品开发。大力吸引欧美地区和亚太地区国际邮轮航线在中国的访问港航线;巩固现有东北亚主力航线,积极推动中日韩定班航线;着力推进海峡两岸航线的运营,开发海峡两岸暨香港、澳门和国外港口的混合航线;积极开发多点挂靠邮轮航线,优先发展中资邮轮企业从事沿海游和内河游;适当开发延伸至东南亚、欧洲(地中海)的中长途邮轮航线;发展探险邮轮产品等。

第三,完善邮轮港的配套服务功能。推进国际邮轮港配套建设,加强邮轮母港码头设施和客运站及通关设施,突出功能性和实用性,完善我国邮轮港的候客设施,推进邮轮港的管理中心和邮轮的相应配套服务中心建设,满足邮轮客源市场快速增长的需求;完善邮轮港周边集疏运体系,加快构建以邮轮港为中心的集疏运体系,为游客提供"安全、高效、环保、舒适、便捷"交通服务;加强邮轮港口环境保护,推进邮轮节能减排与国际惯例接轨,鼓励港口绿色节能技术应用,鼓励邮轮码头和邮轮公司使用岸电技术。

第四,建设邮轮母港物资配送中心和综合服务区。争取口岸部门支持,加大口岸监管制度创新,简化邮轮进口食品转关报检手续,实现进口食品保税供应常态化。同时,扩大邮轮配送服务功能,建立邮轮公司全球采购配送中心,探索建立"全球采购、定点集货、统一监管、集中配送"的邮轮配送市场体系。

第五,加强邮轮旅游规范管理。结合全国旅游标准化示范区创建工作,制定邮轮服务标准化体系,逐步规范邮轮业接待服务与市场销售行为,联合口岸办、边检、海关、国检、公安部门和港口企业、邮轮公司共同研究,研究制定《邮轮港服务规范》,推进邮轮离港登船标准化。

第六,重视邮轮物资、人才、制度创新。建设集保税、仓储、交易、供应、初加工和运输等功能的邮轮物资供应和配送基地,结合港口企业物流资源,引进或者培育亚太食品采购组织商,吸引皇家加勒比邮轮公司等在本地采购,减少国际采购,强化邮轮供应食品安全监管,大力发展食品采购。建设邮轮服务人才供应基地,充分发挥现有教育和行业资源,与国外有关专业机构合作,开设邮轮旅游专业,培养我国邮轮旅游业发展所需的技能人才、服务人才和管理人才,为我国邮轮旅游可持续发展提供支撑和动力。加强校企合作,推动高校与邮轮公司联合创立邮轮培养基地,提供培训、实习和研究机会,建设我国邮轮经营管理、研发制造和海乘人员的培训基地。

第七,建设邮轮旅游发展的制度创新基地。借鉴国外典型地区邮轮母港城市经验,以中国邮轮旅游发展实验区、自由贸易试验区建设、国际航运中心建设为突破口,提出有利于邮轮业发展的政策措施,形成可推广、可复制经验。

# 附　录

## 交通运输部关于加快现代航运服务业发展的意见

（交水发〔2014〕262号）

各省、自治区、直辖市交通运输厅(局、委),中国船东、港口、船舶代理和无船承运人协会,部属各单位,部内各司局、驻部监察局:

为进一步贯彻落实《国务院关于促进海运业健康发展的若干意见》(国发〔2014〕32号)、《国务院关于依托黄金水道推动长江经济带发展的指导意见》(国发〔2014〕39号),加快现代航运服务业发展,提出以下意见:

## 一、总体要求

(一)指导思想。

深入贯彻党的十八大和十八届三中、四中全会精神,深化改革,创新体制机制,扩大开放,完善政策法规,以航运业发展需求为导向,加快船舶管理、船舶代理、水路客货运代理等传统航运服务业转型升级,积极培育航运金融、航运电商服务等航运服务新业态,以航运中心和自由贸易试验区为重要载体,更好地促进海运业和内河航运健康发展,切实提升现代航运服务业水平和国际竞争力。

(二)基本原则。

——市场主导,政府引导。发挥市场在资源配置中的决定性作用,强化企业主体作用,鼓励和支持各种所有制企业根据市场需求,积极开展服务创新;更好发挥政府作用,营造促进现代航运服务业健康发展的政策法规环境,简政放权,激发社会活力。

——合理布局,集聚发展。强化顶层设计,积极示范探索,以航运中心和自由贸易试验区建设为平台,推动现代航运服务业要素集聚,促进现代航运服务业与关联产业的联动发展。

——对标国际,转型升级。对照国际运行规则,借助信息技术和金融服务手段,提升船舶管理、船舶代理、水路客货运代理等服务水平,提高航运交易、保险、经纪等服务能力,加快构建与国际接轨的现代航运服务体系。

——加强监管,规范服务。坚持制度改革和政策创新相结合,加强事中事后监管,更好发挥政府、中介组织对市场行为的规范作用,努力营造统一开放、竞争有序的市场环境。

(三)总体目标。

到2020年,基本形成功能齐备、服务优质、高效便捷、竞争有序的现代航运服务业体系。现代航运服务业发展与我国航运业转型升级相适应,航运中心的航运服务功能进一步完善,现代航运服务业综合竞争力和服务经济社会发展的能力进一步提升。

## 二、主要任务

(四)促进传统航运服务业转型升级。鼓励企业加强理念创新和自身能力建设,利用现代信息技术手段,加强与相关服务业融合,创新商业模式,优化产品和服务。进一步简政放权,下放理货、无船承运等审批权限,激发市场活力。深化对外开放,完善外商独资从事船舶管理等配套政策。全面推进船舶管理、船舶代理、水路客货运代理等传统航运服务业的转型升级。

(五)提升航运交易服务能力。加强船舶交易市场管理,合理确定服务机构的区域布局,规范服务收费行为和标准。加强航运业与电子商务、金融服务业务的融合,拓展航运交易功能,完善航运交易信息服务,创新航运交易服务产品,降低交易成本,提高服务效率。

(六)创新航运金融保险服务。积极发展多种航运融资方式,拓宽社会资本投资航运业渠道。支持船舶融资租赁业务发展,鼓励航运金融产品创新,拓展航运金融服务功能。支持保险企业开展航运保险业务,丰富航运保险产品,协调推动出台便利船舶理赔措施,引导港航企业开展自保、互保业务,加强与保险机构合作,构建和完善多种形式的航运保险体系。

(七)强化航运法律服务能力。完善航运法律服务体系,支持航运法律咨询等服务机构发展,为航运企业提供高水平的航运法律服务。支持中国海事仲裁委员会拓展服务领域,逐步建立权威公正的仲裁员队伍和符合国际惯例的仲裁程序,发挥本土仲裁机构在国际海事仲裁中的作用。借鉴国际经验,建立高效规范的海事理赔机制,提升海事理赔水平。依托各地海事法院的专业优势,延伸海事法律咨询服务。

(八)提高航运信息服务能力。充分利用现代信息技术,健全航运信息公开机制,建立航运市场监测和风险预警机制。加快便利运输电子口岸信息平台建设,实现港航企业、货主、口岸监管部门之间的信息共享,促进运输便利化。支持和鼓励形成一批有影响力的国内航运咨询和研究机构,发挥行业智库的作用。

(九)增强运价指数服务功能。完善运价指数的编制和发布机制,形成具有国际影响力的运价指数体系,有效引导航运业的市场预期。支持航运交易服务机构与金融机构合作,在风险可控前提下,探索开展运价衍生品交易新业态的实践,为航运业提供风险管理工具,拓展现代航运服务业功能。

(十)强化船舶技术服务。进一步提高船舶检验机构技术和服务水平,增强国际竞争力,促进船舶节能减排、安全运营。继续推进"阳光引航",提升引航服务水平。充分利用船舶工业新材料、新技术、新工艺,提高船舶及其设备的维修服务能力。为航运业优化运力结构和安全绿色发展,提供技术保障。

(十一)提升船员劳务服务能力。完善船员教育、培训、考试相关政策措施,提高船员培养质量。重点支持中西部地区积极发展船员教育培训。进一步规范船员劳务市场,建立和完善船员劳务纠纷协调解决机制,引导船员有序流动。加强船员外派工作,促进船员就业,规范船员外派机构的管理,加强保护船员的合法权益,提升我国船员在国际船员劳务市场的竞争力。

(十二)完善现代航运服务业市场监管体系。进一步转变政府职能,简政放权,推进行业管理由注重事前审批向注重事中、事后监管转变。实行现代航运服务业的市场准入负面清单管理。建立和完善市场行为规范和服务标准,运用信息公示、信息共享和信用约束手段,提高监管效能。充分发挥相关行业协会的协调和自律作用,形成自律机制,维护行业公平竞争秩序。

(十三)深化国际交流与合作。支持航运服务企业深化与国际专业服务机构的合作,积极拓展国际航运服务市场,提高国际竞争力。充分利用双边、多边国际合作机制,积极参与国际航运服务业相关标准、规则的制修订,促进国际交流与合作,增强国际话语权和影响力。

(十四)完善航运中心服务功能。积极创造条件,吸引国际一流的航运人才及服务机构入驻,促进现代航运服务业要素进一步集聚和功能提升,打造服务全国、面向国际的上海国际航运中心。同时以现代航运服务业为重要抓手,充分发挥区位优势,形成天津、大连、厦门等区域航运中心。加快武汉、重庆长江区域航运中心的形成,并与上海国际航运中心联动发展,更好服务长江经济带建设。

## 三、保障措施

(十五)加强组织领导。各级交通运输主管部门要高度重视,加强组织领导,明确责任分工,精心组织实施,加快推进现代航运服务业发展。建立健全与相关部门的联动工作机制，加强对现代航运服务业发展的指导、协调和服务，营造良好的发展环境。

（十六）强化法制保障。制修订《国际海运条例》等法规和规章，完善我国航运法律体系，积极推进与国际法律制度接轨，为现代航运服务业发展提供法制保障。研究建立航运信用管理体系，规范航运服务经营行为。

（十七）注重人才培养。鼓励和支持我国高等院校开展航运服务专业教育，重点培养航运金融、航运保险、航运经纪、海事法律等领域的专业性和复合型人才。努力加强与国外高等院校和研究咨询机构的合作，着力培训和引进航运服务业紧缺人才。

（十八）加强宣传引导。充分发挥媒体的舆论导向作用，大力宣传现代航运服务业发展取得的成效，及时总结推广创新发展经验，发挥示范带动效应，扩大行业影响。

（十九）加强监测评估。增强基础数据收集分析能力，开展相关监测预警研究，加强市场运行分析，为现代航运服务业科学发展提供决策依据。

各部门、各单位要根据本意见的要求，结合实际，统筹安排，实化措施，共同推进现代航运服务业的健康发展。

交通运输部

2014 年 12 月 26 日

# 参考文献


[1] 李朝鲜.理论与量化:现代服务业发展研究[M].北京:中国经济出版社,2006:15-23.

[2] Fisher Associates. The future of London's maritime services cluster: a call for action[J]. 2004.

[3] 任声策,宋炳良.航运高端服务业的发展机理[J].上海经济研究,2009.

[4] 郭向阳.广东生产性服务业发展研究[D].兰州:兰州大学,2012.

[5] 王军.现代服务业骨干企业创新生成机理研究[D].大连:大连理工大学,2012.

[6] 冯朵.现代航运金融服务体系与强化国际航运中心地位研究[D].天津:天津师范大学,2012.

[7] 余懿.中国现代服务业集聚的变动趋势及影响因素研究[D].吉林:吉林大学,2012.

[8] 郭湖斌.新加坡建设国际航运中心的经验借鉴与启示[J].物流科技,2013(06):17-21.

[9] 晏艳飞.上海国际航运中心航运服务体系评估研究[D].上海:上海工程技术大学,2015.

[10] 朱荣艳.航运物流服务供应链协同优化研究[D].武汉:武汉理工大学,2014.

[11] 刘重.论现代服务业的理论内涵与发展环境[J].理论与现代化,2005(06).

[12] 郑吉昌,夏晴.服务业对外直接投资及产业整合效应[J].经济问题,2004.

[13] 胡启恒.诠释我国现代服务业[J].中国信息导报,2004.

[14] 孙晓峰.现代服务业发展的动力机制及制度环境[J].兰州学刊,2004(6):161-163.

[15] 周振华,钟子娟.构建上海国际航运中心与航运服务中心双引擎发展模式[J].中国港口, 2007(12).